Weiterführend empfehlen wir:

**Mediation bei Scheidung
und Erbschaft**
ISBN 978-3-8029-3396-7

Trennung und Scheidung
ISBN 978-3-8029-3784-2

Das neue Unterhaltsrecht
ISBN 978-3-8029-3802-3

Geld-Checkliste Scheidung
ISBN 978-3-8029-3971-6

Das aktuelle Scheidungsrecht
ISBN 978-3-8029-3514-5

Paare ohne Trauschein
ISBN 978-3-8029-3433-9

Wir freuen uns über Ihr Interesse an diesem Buch. Gerne stellen wir Ihnen zusätzliche
Informationen zu diesem Programmsegment zur Verfügung.

Bitte sprechen Sie uns an:

E-Mail: WALHALLA@WALHALLA.de
http://www.WALHALLA.de

Walhalla Fachverlag · Haus an der Eisernen Brücke · 93042 Regensburg
Telefon (0941) 5684-0 · Telefax (0941) 5684-111

Karin Susanne Delerue · Mathias Bröring

Wohnen nach

Trennung oder

Scheidung

Was geschieht mit der gemeinsamen
Wohnung oder Immobilie?

WALHALLA
FACHVERLAG

Bibliografische Information Der Deutschen Bibliothek
Die Deutsche Bibliothek verzeichnet diese Publikation in der Deutschen Nationalbibliografie;
detaillierte bibliografische Daten sind im Internet über http://dnb.ddb.de abrufbar.

Zitiervorschlag:
Karin Susanne Delerue, Mathias Bröring,
Wohnen nach Trennung oder Scheidung
Walhalla Fachverlag, Regensburg, Berlin 2007

Hinweis: Unsere Werke sind stets bemüht, Sie nach bestem Wissen zu informieren.
Die vorliegende Ausgabe beruht auf dem Stand von Februar 2007. Verbindliche Auskünfte
holen Sie gegebenenfalls beim Rechtsanwalt ein.

    Produktion: Walhalla Fachverlag, 93042 Regensburg
    Umschlaggestaltung: grubergrafik, Augsburg
    Druck und Bindung: Westermann Druck Zwickau GmbH
    Printed in Germany
    ISBN 978-3-8029-3801-6

Nutzen Sie das Inhaltsmenü:
Die Schnellübersicht führt Sie zu Ihrem Thema.
Die Kapitelüberschriften führen Sie zur Lösung.

Abkürzungen

Abs.	Absatz
Art.	Artikel
BGB	Bürgerliches Gesetzbuch
BGH	Bundesgerichtshof
EGBGB	Einführungsgesetz zum Bürgerlichen Gesetzbuch
FGG	Gesetz über die Freiwillige Gerichtsbarkeit
GbR	Gesellschaft bürgerlichen Rechts
GewSchG	Gewaltschutzgesetz
GmbH	Gesellschaft mit beschränkter Haftung
GrEstG	Grunderwerbsteuergesetz
GVG	Gerichtsverfassungsgesetz
HausratsVO	Hausratsverordnung
LPartG	Gesetz über die eingetragene Lebenspartnerschaft
NMV	Verordnung über die Ermittlung der zulässigen Miete für preisgebundene Wohnungen
WEG	Wohnungseigentumsgesetz
z. B.	zum Beispiel
ZGB-DDR	Zivilgesetzbuch der DDR
ZPO	Zivilprozessordnung
ZVG	Gesetz über die Zwangsversteigerung und Zwangsverwaltung

Einleitung

Am Ende einer Beziehung stellt sich für die Betroffenen häufig die Frage, wie in Zukunft die Wohnsituation geregelt werden soll und welche Rechte und Pflichten man untereinander sowie gegenüber Dritten (Vermietern, Versorgungsunternehmen, Wohnungseigentümergemeinschaft etc.) hat.

Der vorliegende Ratgeber gibt darauf die passenden Antworten. Er liefert zudem einen Überblick über die zu beachtenden rechtlichen Vorschriften und die unterschiedlichen Gestaltungsmöglichkeiten.

Im Einzelfall ersetzt er sicher nicht die Beratung durch einen durch spezielle Qualifikationen ausgewiesenen Fachanwalt für Miet- und Wohnungseigentumsrecht oder Familienrecht. Anhand der durch die Lektüre gewonnenen Kenntnisse kann jedoch in den meisten Fällen schon eine Vorstellung von einer möglichen Lösung entwickelt werden, der im Anhang befindliche Musterteil lässt darüber hinaus auch die Einleitung erster Schritte zu.

Das Buch selbst richtet sich dabei sowohl an nichteheliche Lebensgemeinschaften als auch an Partner einer eingetragenen Lebenspartnerschaft und Eheleute, die mit der für sie neuen Situation konfrontiert werden. Dabei wird unterschieden nach Mietwohnung, Eigentumswohnung und dem gemeinsam bewohnten Eigenheim. Anhand von Fragen und einprägsamen Fallbeispielen werden die verschiedenen Varianten erläutert.

Die gemeinsame Mietwohnung 1

Was versteht man unter einer gemeinsamen Mietwohnung?

Fallbeispiele:

(a) Herr Karl und Frau Meister sind seit einem Jahr ein Paar. Da sie beide nur kleine Wohnungen haben, beschließen sie, zusammen in eine gemeinsame neue Wohnung zu ziehen. Nach einiger Suche finden sie im Wohnungsmarkt ihrer Tageszeitung eine passende Wohnung. Nach einer Besichtigung schließen sie bei der Hausverwaltung „Treugut" einen Vertrag über die Nutzung der Räume.

(b) Herr Thomas ist Mieter einer großen Altbauwohnung. Er lernt Herrn Peters kennen und geht mit ihm nach einem Jahr eine eingetragene Lebenspartnerschaft ein. Daraufhin kündigt Herr Peters seine bis dahin bewohnte Wohnung und zieht bei Herrn Thomas ein.

Allgemeines

Zunächst stellt sich die Frage, welche Art von Verträgen in den Fallbeispielen abgeschlossen wurde.

Die meisten Rechtsverhältnisse zwischen Privatpersonen sind in Deutschland im Bürgerlichen Gesetzbuch (BGB) geregelt. Die Regelungen zum Mietvertrag befinden sich in den §§ 535 – 580a BGB. Die Hauptpflichten von Mieter und Vermieter sind in § 535 BGB geregelt.

§ 535 BGB Inhalt und Hauptpflichten des Mietvertrags

(1) Durch den Mietvertrag wird der Vermieter verpflichtet, dem Mieter den Gebrauch der Mietsache während der Mietzeit zu gewähren. Der Vermieter hat die Mietsache dem Mieter in einem zum vertragsgemäßen Gebrauch geeigneten Zustand zu überlassen und sie während der Mietzeit in diesem Zustand zu erhalten. Er hat die auf der Mietsache ruhenden Lasten zu tragen.

(2) Der Mieter ist verpflichtet, dem Vermieter die vereinbarte Miete zu entrichten.

Nach Lektüre dieser Gesetzesnorm wird deutlich, was der Gesetzgeber regeln wollte:

Es handelt sich danach um die Überlassung eines Gegenstandes – in unseren Beispielen die Überlassung von Wohnräumen – gegen Bezahlung.

Für die Rechtsfolgen des Zusammenwohnens ist außerdem zwischen dem so genannten Außenverhältnis (Mieter und Vermieter) und dem Innenverhältnis (Mieter untereinander) zu unterscheiden. Dies soll die folgende Darstellung verdeutlichen:

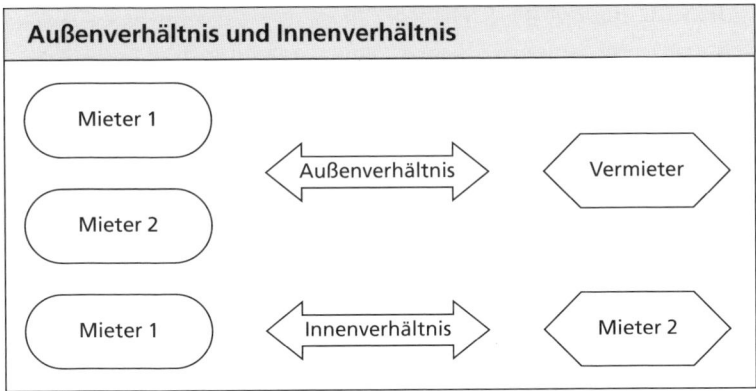

Die Rechte und Pflichten im Außenverhältnis von Mietern und Vermietern aus einem Mietverhältnis über Wohnräume bestimmen sich nach den Regelungen des zwischen den Parteien abgeschlossenen Mietvertrages und den gesetzlichen Bestimmungen des BGB sowie weiterer mietrechtlicher Nebengesetze, wie z. B. der Betriebskosten-, der Heizkosten- und der Wohnflächenverordnung.

Dabei ist zu beachten, dass Regelungen eines Mietvertrages, wenn sie vom Vermieter einseitig vorgegeben sind, nach dem Recht der Allgemeinen Geschäftsbedingungen oder aufgrund von Gerichtsentscheidungen unwirksam sein können.

Die Rechte und Pflichten des Paares im Innenverhältnis richten sich nach der Rechtsform ihres Zusammenlebens. Das Zusammenleben kann als Ehepartner, als Partner einer eingetragenen Lebenspartnerschaft oder als nichteheliche Lebensgemeinschaft organisiert sein. Hieraus ergeben sich dann besondere Wechselwirkungen, weil miet- und familienrechtliche Regelungen zusammenspielen. In den seltensten Fällen werden Paare auch untereinander vertragliche Vereinbarungen abgeschlossen haben, die die Frage nach wechselseitigen Verpflichtungen im Rahmen des Mietvertrages regeln. In Ausnahmefällen kann das Zusammenleben jedoch auch als Gesellschaft bürgerlichen Rechts (GbR) organisiert sein. Dann gelten ergänzend gesellschaftsrechtliche Bestimmungen für die Rechte und Pflichten der Partner im Innenverhältnis. Dies ist dann der Fall, wenn ein Paar über das gemeinsame Zusammenleben hinaus einen gemeinsamen Zweck verfolgt, etwa ein gemeinschaftliches Wirtschaftunternehmen, welches von zuhause aus geführt wird. Da es sich hierbei aber um eine seltene Ausnahme handelt, werden im Folgenden nur die zuerst genannten drei häufigsten Formen des Zusammenlebens behandelt.

Bei allen Fragen rund um den Mietvertrag ist zunächst im ersten Schritt festzustellen, ob nur eine Person alleine oder beide Personen gemeinsam Mieter der Wohnung sind. Außerdem ist es wichtig, sich Klarheit darüber zu verschaffen, wer der Vertragspartner auf der Gegenseite ist. Auch hier kann es sich um eine Einzelperson, eine Gesellschaft oder um eine Personenmehrheit handeln.

Wer sind die Vertragspartner des Mietverhältnisses?

Zunächst muss festgestellt werden, wer die Vertragspartner des Mietvertrages auf Mieter- und Vermieterseite sind. Hiervon hängt ab, wer welche Rechte und Pflichten hat und in welchem Umfang allein oder zu zweit Erklärungen wem gegenüber abgeben werden können bzw. müssen.

Wer ist Vertragspartner auf der Mieterseite?

Wer die Parteien des Vertrages sind, ergibt sich in der Regel aus den ersten Zeilen des Mietvertrages, dem sogenannten Rubrum oder Kopf des Vertrages, in Verbindung mit den Unterschriften am

Ende des Vertrages. Das Vertragsrubrum könnte im Fallbeispiel (a) so aussehen:

Mietvertrag zwischen

Grundbesitz GmbH, Geschäftsführer: Peter Paul
Grünstr. 111, 12345 Musterstadt,

vertreten durch die Hausverwaltung Treugut,
Schlossstr. 1, 12345 Musterstadt   – Vermieterin –

und

1. Frau Marion Meister,
bisherige Anschrift: Habichtshöhe 2, 12345 Musterstadt

2. Herrn Klaus Karl,
bisherige Anschrift Bahnhofsweg 3, 12345 Musterstadt   – Mieter –

Ist der Vertrag unten auch von beiden unterschrieben, sind Herr Karl und Frau Meister beide gemeinsam Mieter und Vertragspartner des Vermieters.

Haben wie hier mehrere Personen eine Wohnung gemietet, müssen Rechte aus dem Mietvertrag gemeinsam geltend gemacht werden und Pflichten aus dem Mietverhältnis gemeinsam erfüllt werden. Die Mieter sind insoweit dann im Außenverhältnis sogenannte Gesamtschuldner. Was dies bedeutet, ist in § 421 BGB geregelt.

§ 421 BGB Gesamtschuldner

Schulden mehrere eine Leistung in der Weise, dass jeder die ganze Leistung zu bewirken verpflichtet, der Gläubiger aber die Leistung nur einmal zu fordern berechtigt ist (Gesamtschuldner), so kann der Gläubiger die Leistung nach seinem Belieben von jedem der Schuldner ganz oder zu einem Teil fordern. Bis zur Bewirkung der ganzen Leistung bleiben sämtliche Schuldner verpflichtet.

Dies bedeutet für ein Mietverhältnis, dass der Vermieter von jedem einzelnen Mieter nach seiner Wahl die volle Leistung, also z. B. die Miete oder die Kaution in voller Höhe, verlangen kann, insgesamt natürlich nur ein Mal.

Im Innenverhältnis sieht das Gesetz in § 426 BGB für diese Fälle einen Ausgleichsanspruch zwischen den beiden Gesamtschuldnern vor, sofern sie nicht anderes vereinbart haben. Untereinander sind daher beide grundsätzlich erst einmal verpflichtet, den hälftigen Beitrag zur Miete zu erbringen, es sei denn, sie haben im Rahmen ihrer Absprachen eine andere Aufteilung verabredet.

Wären im ersten Fallbeispiel Herr Karl und Frau Meister verheiratet, wären sie sich unter familienrechtlichen Gesichtspunkten im Innenverhältnis zu gegenseitigem Unterhalt verpflichtet. Die Mietzahlung nur durch einen der Ehegatten allein würde dann gemäß § 1360 BGB auf die wechselseitig zu erbringenden Solidaritätspflichten erfolgen. Ein Gesamtschuldnerausgleich im Innenverhältnis findet dann während der Ehe zwischen den Ehegatten nicht statt.

Erklärungen des Vermieters, wie etwa das Zustimmungsverlangen zur Mieterhöhung, sind an beide Mieter zu richten. Dies folgt aus der Einheitlichkeit des Mietvertrages und daraus, dass alle Mitmieter gemeinschaftlich die Mieterseite des bestehenden Mietverhältnisses bilden.[1]

Im Fallbeispiel (b) könnte das Vertragsrubrum wie folgt aussehen:

Mietvertrag zwischen

Herrn Hans Himmelreich,
Sternwarte 12, 54321 Astadt   – Vermieter –

und Herrn Philipp Thomas,
bisherige Anschrift: Theaterstr. 23, 12345 Musterstadt   – Mieter –

Da im Mietvertrag oben nur ein Name genannt wird und der Vertrag auch nur von Herrn Thomas unterschrieben wurde, ist auch nur er Mieter und Vertragspartner des Vermieters. Im Außenverhältnis ist daher Herr Thomas allein für die Zahlung der Miete und die Erfüllung anderer Verpflichtungen aus dem Mietverhältnis zuständig. Im Innenverhältnis schulden sich beide Partner der eingetragenen Lebenspartnerschaft Unterhalt, so dass hier nach den finanziellen Absprachen gegebenenfalls Herr Peters die Miete zu bezahlen hat, wenn Herr Thomas seinen Beitrag zum Unterhalt durch andere Leistungen erbringt, etwa die Kosten für das gemeinsame Fahrzeug oder die Übernahme der Haushaltstätigkeiten.

---

[1]   BGH, Urteil vom 10.09.1997, BGHZ 136,314

Ausnahmen bei der Feststellung, wer Vertragspartner ist:

a) Abweichung von Rubrum und Unterschrift

Ist im Mietvertrag oben auf der Mieterseite nur eine von zwei Personen namentlich erwähnt, der Mietvertrag aber von beiden Personen unterzeichnet, kommt es darauf an, ob die zweite Person bei den Verhandlungen mit dem Vermieter dabei war und nur im Formular vergessen wurde zu erwähnen, dann wäre sie ebenfalls Mieter und Vertragspartner. Anderenfalls könnte die zweite Unterschrift lediglich eine Zeugen- oder Bürgenfunktion haben. Eine Rolle spielt auch, ob dem Vermieter die Anzahl der Mieter egal war oder ob er nur mit der im Formular genannten Person den Vertrag abschließen wollte.

Stehen im Mietvertrag oben auf der Mieterseite beide Personen und der Vertrag ist unten nur von einer Person unterschrieben, ist ausschlaggebend, ob die Unterschrift zugleich auch in Vertretung und mit Vollmacht der anderen Person geleistet worden ist.

Im Einzelfall solcher Ausnahmen ist die rechtliche Einordnung, wer Vertragspartner ist, häufig schwierig vorzunehmen und sollte gegebenenfalls mithilfe eines Fachanwaltes für Mietrecht geklärt werden.

b) Altverträge aus den neuen Bundesländern

Eine weitere Ausnahme stellen Mietverträge von Eheleuten über Wohnungen in den neuen Bundesländern dar, die vor dem 03.10.1990 geschlossen wurden. Nach § 100 Abs. 3 ZGB-DDR[2] wurden auch dann beide Ehepartner Mietpartei, wenn nur einer der Ehepartner den Mietvertrag unterschrieben hatte. Die vorgenannte Regelung gilt für diese Altverträge weiterhin.

Wer ist Vertragspartner auf der Vermieterseite?

In der Regel ist der Grundstückseigentümer, der im Grundbuch des Amtsgerichtes, in dessen Bezirk sich das Grundstück befindet, in

---

[2] Auszug aus dem ZGB-DDR: § 100. Vertragsabschluß. (1) Das Mietverhältnis entsteht durch Abschluß eines Vertrages: zwischen Vermieter und Mieter. Der Vertrag soll schriftlich abgeschlossen werden. (…)
(3) Mieter einer Wohnung sind beide Ehegatten, auch wenn nur ein Ehegatte den Vertrag abgeschlossen hat.

der Abteilung I eingetragen ist, auch der Vermieter. Dies ist aber nicht zwingend so. Es kann auch eine andere Person als Vermieter auftreten, z. B. eine Vermietungsgesellschaft, die selbst das Haus nur zur gewerblichen Weitervermietung angemietet hat.

Auch zur Frage des Vertragspartners auf der Vermieterseite gibt das Vertragsrubrum daher Auskunft, mit wem der Vertrag geschlossen wurde.

Im Fallbeispiel a) ist als Vermieterin die Grundbesitz GmbH, also eine Gesellschaft mit beschränkter Haftung, angegeben. Die im Vertrag ebenfalls angegebene Hausverwaltung vertritt die Gesellschaft aufgrund eines zwischen der Grundbesitz GmbH und der Verwaltung abgeschlossenen Hausverwaltervertrages lediglich bei der Durchführung der Mietverhältnisse. Die Hausverwaltung ist also nicht der Vertragspartner der Mieter.

Die Unterscheidung zwischen dem Vermieter und der Hausverwaltung ist wichtig, wenn es darum geht, bei wem die Mieter welche Ansprüche geltend machen können und an wen Briefe und Willenserklärungen, wie z. B. eine Kündigung, zu richten sind.

Ist im Mietvertrag die Vertretung durch eine Hausverwaltung angegeben, ist die Hausverwaltung auch bevollmächtigt, alle Schreiben, die das Mietverhältnis betreffen, für den Vermieter entgegenzunehmen.

Treten demnach während des Mietverhältnisses Mängel auf oder soll das Mietverhältnis gekündigt werden, können entsprechende Schreiben an die Hausverwaltung gesandt werden.

Teilt der Hauseigentümer aber während des Mietverhältnisses mit, dass er nicht mehr von der Hausverwaltung vertreten wird, oder schreibt eine andere Hausverwaltung mit einer beigefügten Vollmacht des Vermieters, dass sie jetzt die Verwaltung übernommen hat, dürfen Schreiben und Kündigungen nicht mehr an die alte Hausverwaltung gesandt werden. Sie würden keine Rechtswirkung entfalten.

Im Fallbeispiel (b) ist im Vertragskopf Herr Himmelreich, also eine Privatperson, als Vermieter genannt. Hier sind keine Besonderheiten zu beachten. Schreiben, die das Mietverhältnis betreffen, oder eine eventuelle Kündigung richtet Herr Thomas direkt an Herrn Himmelreich.

Ausnahmefall: Der Vermieter ist im Mietvertrag nicht namentlich genannt. Das Rubrum eines solchen Vertrages könnte folgendermaßen aussehen:

Mietvertrag

zwischen dem Hauseigentümer

vertreten durch die Hausverwaltung Treugut,

Schlossstr. 1, 12345 Musterstadt — Vermieter —

und (...) — Mieter —

In diesem Fall ist auch nicht die Hausverwaltung Vermieter, sondern der jeweilige – im Vertrag aber nicht namentlich benannte – Eigentümer des Grundstückes, auf dem sich das Haus befindet. Manche Vermieter möchten so zunächst anonym bleiben, um nicht direkt mit Mietern in Kontakt treten zu müssen. Solange die Hausverwaltung ihre Aufgaben richtig erfüllt, hat diese Vorgehensweise für den Mieter auch keine Nachteile. Bei einer gerichtlichen Auseinandersetzung mit dem Vermieter müssen die Mieter diesen aber mit Namen und Anschrift angeben können. Sofern die Hausverwaltung dann den Namen und die Anschrift des Hauseigentümers nicht mitteilt, kann die entsprechende Information unter Vorlage einer Kopie des Mietvertrages beim Grundbuch des Amtsgerichts, in dessen Bezirk das Grundstück liegt, eingeholt werden.

Checkliste: Mietvertrag

Wer ist als Mieter im Kopf des Mietvertrages genannt?

Wer hat den Mietvertrag auf der Mieterseite unterschrieben?

Wer ist im Kopf des Mietvertrages als Vermieter genannt?

Ist ein Vertretungsverhältnis in Bezug auf den Vermieter – z.B. eine Hausverwaltung – im Mietvertrag angegeben?

Wer hat auf Vermieterseite unterschrieben?

Hat es im Laufe des Mietverhältnisses eine Änderung bei den Vertragsparteien auf Vermieter- oder Mieterseite gegeben (z.B. durch Verkauf des Hauses, Änderung der Hausverwaltung, Aufnahme des Partners in den Mietvertrag o.Ä.)?

Enthält der Mietvertrag einen zeitlich begrenzten Ausschluss der Kündigung durch den Mieter? Wenn ja, wie lange läuft dieser noch?

Ist im Mietvertrag eine Kaution vereinbart?

Die gemeinsame Mietwohnung

Wer hat diese Kaution in welcher Form (Geld, Sparbuch, Bürgschaft) erbracht?

Ist im Mietvertrag ein Mieterdarlehen vereinbart worden?

Wenn ja, wer hat dieses Mieterdarlehen an den Vermieter bezahlt und welcher Betrag ist noch offen?

Enthält der Mietvertrag eine (wirksame?) Überbürdung der Schönheitsreparaturen auf die Mieter?

Wenn ja, wann wurden das letzte Mal Schönheitsreparaturen ausgeführt?

Enthält der Mietvertrag eine (wirksame?) Abgeltungs-/Quotenklausel für nicht ausgeführte Schönheitsreparaturen?

Wenn ja, wäre die Ausführung der Arbeiten billiger als die zu zahlende Quote? (Handwerkerangebot einholen!)

Wurde die Wohnung ordnungsgemäß an den Vermieter zurückgegeben?

Was geschieht mit dem Mietverhältnis bei einer Trennung?

Zunächst müssen sich die Parteien, die sich trennen, darüber klar werden, was sie in Bezug auf die Wohnsituation möchten. Je nachdem, wer Vertragspartner des Mietverhältnisses im Außenverhältnis ist und welche Rechtsform im Innenverhältnis gilt, müssen die notwendigen Schritte eingeleitet werden. Im Wesentlichen kommen drei Handlungsvarianten in Frage:

- Will keine der Parteien in der Wohnung verbleiben, muss dass Mietverhältnis beendet werden.

- Will nur eine der Parteien in der gemeinsamen Wohnung bleiben und ist diese Person im Außenverhältnis nicht alleiniger Mieter, muss eine entsprechende Vertragsänderung herbeigeführt werden.

- Wollen beide Parteien, dass die jeweils andere Partei die Wohnung verlässt, liegt ein Konflikt vor, den es nach den weiter unten erläuterten Regeln zu lösen gilt.

Keine Partei möchte die Wohnung behalten

Beispiel:

Frau Meier und Herr Stein bewohnen eine gemeinsame Wohnung, bei der sie beide Mieter sind. Jetzt haben sie sich zerstritten und getrennt. Da die Wohnung für jeden der beiden alleine zu teuer wäre, möchten sie beide möglichst schnell aus der Wohnung ausziehen.

Da keiner der beiden in der Wohnung weiterleben möchte, müssen sie das Mietverhältnis beenden.

Wie wird das Mietverhältnis beendet?

Wenn sich die beiden einig sind, dass keiner die Wohnung behalten möchte, spielt es für die Beendigung des Mietverhältnisses keine Rolle, in welcher Rechtsform sie im Innenverhältnis miteinander gelebt haben. Egal, ob sie verheiratet oder in nichtehelicher Lebensgemeinschaft zusammengelebt haben, sie müssen nun das Mietverhältnis gegenüber dem Vermieter beenden.

Soll ein Mietverhältnis beendet werden, geschieht dies durch Kündigung des Mieters gegenüber dem Vermieter. Daneben gibt es auch die Möglichkeit, mit dem Vermieter einen Aufhebungsvertrag zu schließen.

Die Kündigung ist eine einseitige, empfangsbedürftige Willenserklärung der Mieter. Dies bedeutet, dass die Kündigungserklärung wirksam wird, wenn sie dem Vermieter oder seinem bevollmächtigten Vertreter zugeht.

Wichtig: Gemäß § 568 BGB muss die Kündigung schriftlich erfolgen. Dies bedeutet, dass die Mieter einen entsprechenden Brief eigenhändig unterschreiben müssen. Eine mündliche Kündigung oder eine Kündigung per Telefax, E-Mail oder SMS wäre daher unwirksam.

Im Beispielfall sind Frau Meier und Herr Stein beide Mieter, so dass die Kündigung auch von beiden gemeinsam unterschrieben werden muss. Die in manchen Mietvertragsklauseln anzutreffende Bevollmächtigung des jeweils anderen Mieters für die Abgabe und Entgegennahme von Erklärungen ist insoweit für eine Kündigung des Mietverhältnisses nicht wirksam. Die Kündigung durch nur einen Partner genügt nicht und lässt das Mietverhältnis nicht enden.

Sofern sich der Vermieter durch eine Hausverwaltung vertreten lässt, kann die Kündigungserklärung auch an die Hausverwaltung gesandt werden.

Die Mieter sollten anhand ihrer Unterlagen stets prüfen, ob sich während des Mietverhältnisses der Vermieter oder dessen Hausverwaltung geändert haben. Die Kündigung muss an den richtigen Adressaten gesandt werden!

Wäre im Beispielfall nur Frau Meier Mieterin im Mietvertrag, müsste die Kündigung auch nur von ihr erklärt werden. In diesem Fall bräuchte die Kündigung von Herrn Stein nicht unterschrieben werden.

Praxis-Tipp: Zustellung der Kündigung

Damit der Zugang der Kündigung beim Vermieter nachgewiesen werden kann, empfiehlt es sich, die Kündigung durch einen Boten – dies kann ein Freund, ein Nachbar oder ein Verwandter sein, nicht aber einer der Mieter selbst – in den Briefkasten des Vermieters bzw. dessen Hausverwaltung einwerfen zu lassen. Hierbei sollte der Bote zunächst sich die Kündigung ansehen, um auch den Inhalt der Sendung später gegebenenfalls bezeugen zu können.

Die Zusendung einer Kündigung durch Einschreiben/Rückschein empfiehlt sich nicht, da für den Fall, dass niemand angetroffen wird, das Einschreiben im Postamt gelagert wird. Verstreicht die siebentägige Lagerfrist, geht das Schreiben an den Absender zurück und der Zugang kann nicht nachgewiesen werden. Sofern die Kündigung per Post zugestellt werden soll, ist allenfalls die Versendung als Einwurf-Einschreiben empfehlenswert. Hier kann man anhand des Einlieferungsbeleges später im Internet unter www.deutschepost.de unter der Schaltfläche „Online Services/Sendungen verfolgen" anhand der Einlieferungsnummer einen Zustellnachweis ausdrucken.

In der Kündigung sollte die Vermieterseite außerdem um eine schriftliche Bestätigung der Kündigung zu dem angegebenen Zeitpunkt gebeten werden. Eine solche Bestätigung vermeidet spätere Zweifel über den Zugang und den Zeitpunkt der Kündigung.

Welche Kündigungsfrist ist zu beachten?

Das Mietverhältnis ist unbefristet

Für alle unbefristeten Formularmietverträge gilt für die Mieter eine Kündigungsfrist von drei Monaten abzüglich dreier Werktage, unabhängig, wie lange das Mietverhältnis angedauert hat. Formularmietverträge sind solche Mietverträge, bei denen der Vermieter einseitig die Vertragsbedingungen vorgegeben hat und die daher den gesetzlichen Regelungen über Allgemeine Geschäftsbedingungen, §§ 305–310 BGB, unterliegen.

Die Kündigungsfrist von drei Monaten für den Mieter gilt seit zwei Gesetzesänderungen gemäß § 573c BGB in Verbindung mit Art. 229 § 3 Abs. 10 EGBGB auch für Mietverträge, die vor der Mietrechtsreform, also vor dem 01.09.2001, abgeschlossen wurden, selbst wenn in diesen Mietverträgen längere Kündigungsfristen formularmäßig enthalten sein sollten.

Wurde bei einem Mietvertrag, der vor dem 01.09.2001 abgeschlossen wurde, zwischen Mieter und Vermieter individuell eine abweichende Regelung ausgehandelt und im Vertrag vereinbart, gilt eine solche individuell vereinbarte Kündigungsfrist weiterhin fort. In der Praxis kommen individuell vereinbarte Kündigungsfristen bei Wohnraummietverträgen jedoch so gut wie nie vor.

Praxis-Tipp: Kündigungsfrist

Die Kündigung kann bis zum dritten Werktag eines Monats zum Ablauf des übernächsten Monats erklärt werden. Maßgeblich für die Einhaltung der Frist ist der Zugang der schriftlichen Kündigung beim Vermieter. Durch Beachtung der Drei-Werktage-Regelung kann häufig eine ganze Monatsmiete gespart werden. Rechtlich umstritten ist, ob der Samstag als Werktag zählt. Um sicherzugehen, sollte der Samstag bei der Berechnung der drei Tage einberechnet werden. Wenn es allerdings darauf ankommt, sollte man sich darauf berufen, dass der Samstag insbesondere bei Hausverwaltungen kein Arbeitstag ist und somit kein Werktag im Sinne von § 573c BGB.

Wochentag des Monatsersten:		Zugang der Kündigung spätestens
Montag	→	Mittwoch
Dienstag	→	Donnerstag
Mittwoch	→	Freitag
Donnerstag	→	Samstag/Montag
Freitag	→	Montag/Dienstag
Samstag	→	Dienstag/Mittwoch
Sonntag	→	Mittwoch

Befristete Mietverträge

Zeitmietverträge, d. h. Mietverträge, die eine feste Laufzeit haben, sind für Wohnraum nur noch unter sehr begrenzten Voraussetzungen möglich:

- Wenn der Vermieter nach Ablauf der Mietzeit die Wohnung wegen Eigen- oder Betriebsbedarfs benötigt.

- Wenn der Vermieter die Wohnung nach Ablauf der Mietzeit umfassend umbauen oder in Stand setzen möchte.

Ein solches Mietverhältnis kann von den Mietern nicht vor Ablauf der Mietzeit gekündigt werden. Hier kommt nur eine vorzeitige Vertragsaufhebung infrage, wie sie nachstehend noch erläutert wird.

Längere Bindung durch Verzicht auf Kündigungsrecht?

Von der Kündigungsfrist zu unterscheiden ist ein zeitlich begrenzter, vertraglicher Ausschluss des Kündigungsrechts. Hierdurch wird der Mieter unter Umständen für lange Zeit an ein Mietverhältnis gebunden, obwohl der Gesetzgeber bei der Regelung der kurzen dreimonatigen Kündigungsfrist dem Mieter die in Zeiten rasch wechselnder Lebensumstände notwendige Mobilität und Flexibilität in Bezug auf einen Wohnungswechsel ermöglichen wollte.

Der Bundesgerichtshof hat aber wiederholt den vertraglich vereinbarten, zeitlich begrenzten Verzicht auf das Kündigungsrecht für zulässig erklärt. So soll in einem Formularmietvertrag das Kündigungsrecht für bis zu vier Jahre, in einer individuellen Vereinbarung auch für einen längeren Zeitraum ausgeschlossen werden können.

Wichtige Gerichtsentscheidungen:

BGH, Urteil vom 30.06.2004, VIII ZR 379/03, NJW 2004, 3117

Eine Bestimmung in einem Formularmietvertrag über Wohnraum, wonach die ordentliche Kündigung innerhalb der ersten zwei Jahre nach Vertragsschluss für beide Seiten ausgeschlossen ist, ist nicht nach § 307 BGB (früher: § 9 AGBG) unwirksam (Fortführung des Senatsurteils vom 22.12.2003, VIII ZR 81/03, NJW 2004, 1448).

BGH, Urteil vom 06.04.2005, VIII ZR 27/04, WuM 2005, 346

In einem Mietvertrag über Wohnraum ist ein – auch beiderseitiger – formularmäßiger Kündigungsverzicht wegen unangemessener Benachteiligung des Mieters in der Regel unwirksam, wenn seine Dauer mehr als vier Jahre beträgt.

Praxis-Tipp: Fehlende Schriftform

Soll das Kündigungsrecht für mehr als ein Jahr ausgeschlossen werden, schreibt das Gesetz in § 550 BGB vor, dass der Mietvertrag schriftlich abgeschlossen werden muss. Häufig vereinbaren Mieter und Vermieter nach Abschluss des Mietvertrages noch Änderungen bezüglich ihrer wechselseitigen Rechte und Pflichten. Beispiele für solche Vertragsänderungen sind Aus- und Umbaugenehmigungen o. Ä. Durch solche Vertragsänderungen wird häufig die Schriftform des Ausgangsmietvertrages nicht mehr eingehalten. In der Folge gilt das Mietverhältnis dann als unbefristet, so dass der Vertrag mit der gesetzlichen Kündigungsfrist von drei Monaten gekündigt werden kann.

Wann kann eine vorzeitige Vertragsauflösung erfolgen?

Für den Fall, dass im Mietverhältnis die Kündigung für einen längeren Zeitraum ausgeschlossen ist oder wenn ausnahmsweise ein echter Zeitmietvertrag vorliegt, besteht gegebenenfalls Anspruch auf eine vorzeitige Vertragsaufhebung.

Dies gilt immer dann, wenn für den Mieter eine Veränderung der Lebensumstände eingetreten ist, die für ihn das Festhalten am ursprünglichen Mietvertrag unzumutbar werden lassen. Im Rahmen einer Güterabwägung wird dann geprüft, ob dem Vermieter die vorzeitige Vertragsauflösung zugemutet werden kann.

Dies ist regelmäßig dann der Fall, wenn der Mieter einen Nachmieter benennen kann, der bei gleicher Bonität und zu gleichen Bedingungen das Mietverhältnis fortsetzen würde. Weigert sich der Vermieter in einem solchen Fall, den Vertrag vorzeitig aufzulösen, wird der bisherige Mieter von seinen Verpflichtungen aus dem Mietverhältnis frei.

Praxis-Tipp: Vorzeitige Vertragsauflösung

Enthält der Mietvertrag einen (rechtlich zulässigen) Ausschluss der Kündigungsmöglichkeit für einen Zeitraum von bis zu vier Jahren, sollte der Vermieter unter namentlicher Benennung eines geeigneten Nachmieters aufgefordert werden, einer vorzeitigen Vertragsauflösung zuzustimmen. Zuvor sollte über einen Makler oder entsprechende Anzeigen im Wohnungsmarkt der örtlichen Tageszeitung oder in entsprechenden Online-Suchmaschinen ein Nachmieter gesucht werden.

Ist ein geeigneter Nachmieter nicht vorhanden, kann der Vermieter zur Zustimmung zur Untervermietung aufgefordert werden. Stimmt der Vermieter einer konkreten Anfrage zur Untervermietung unter namentlicher Bekanntgabe des potenziellen Untermieters nicht zu, hat der Mieter nach § 540 Abs. 1 Satz 2 BGB ein Sonderkündigungsrecht mit der gesetzlichen Kündigungsfrist von drei Monaten.

Checkliste: Kündigung des Mietvertrages

Liegt ein unbefristeter Mietvertrag vor?

Ist eventuelle Befristung des Mietvertrages unwirksam?

Ist ein Verzicht auf das Kündigungsrecht vereinbart?

Ist Kündigungsverzicht wirksam?

Kündigung schriftlich erklären!

Kündigung an den richtigen Adressaten = Vertragspartner richten!

Kündigung durch alle Mieter unterschreiben!

Zugang der Kündigung dokumentieren – Zeugen!

Bei Kündigungsfrist gegebenenfalls Drei-Werktage-Regel ausnutzen!

Wenn Kündigung nicht möglich: Besteht Anspruch auf vorzeitige Beendigung?

Was tun, wenn der andere Vertragspartner an der Kündigung nicht mitwirkt?

Beispiel:

Herr Maus und Frau Klar leben in nichtehelicher Lebensgemeinschaft in einer von beiden angemieteten Wohnung. Nach einem Streit zieht Frau Klar aus. Da Herr Maus sich die Wohnung nicht allein leisten kann, möchte er das Mietverhältnis kündigen. Auf Anrufe und Briefe von Herrn Maus, sich zur Regelung der gemeinsamen Angelegenheiten bei ihm zu melden, reagiert Frau Klar nicht.

Wie schon zuvor erläutert, muss ein gemeinschaftlicher Mietvertrag von beiden Mietern gemeinsam gekündigt werden. In der Praxis tritt – wie hier im Beispiel – häufig das Problem auf, dass der Eine auszieht und den anderen „auf dem Mietverhältnis sitzen" lässt.

In diesen Fällen muss die zurückbleibende Partei bei der anderen Partei schnellstmöglich auf eine Mitwirkung bei der Kündigung des Mietverhältnisses hinwirken. Kommt der andere der Aufforderung zur gemeinsamen Kündigung nicht nach, kann der Anspruch auf Mitwirkung an der Kündigung gerichtlich eingeklagt werden. Dieser Anspruch besteht regelmäßig im Fall einer nichtehelichen Lebensgemeinschaft.

Herr Maus sollte Frau Klar noch einmal deutlich darauf aufmerksam machen, dass sie für alle Zahlungen und Verpflichtungen, die das Mietverhältnis betreffen, als Gesamtschuldnerin haftet und es daher auch in ihrem eigenen Interesse ist, an der Kündigung mitzuwirken. Reagiert sie auf ein solches Schreiben erneut nicht, sollte er gegen Frau Klar Klage auf Mitwirkung an der Kündigung einreichen.

Bei Ehegatten kann der Anspruch auf Mitwirkung an der Kündigung ebenfalls gegeben sein, wenn unterhaltsrechtliche Gründe oder die nacheheliche Solidarität dem nicht entgegenstehen.[3] In der Regel wird eine Zustimmung zur Kündigung nicht im Trennungsjahr eingefordert werden können.[4]

Praxis-Tipp: Mangelnde Mitwirkung an der Kündigung

Da ein Klageverfahren auf Mitwirkung längere Zeit in Anspruch nehmen kann, kann der Mieter parallel dazu die Mietzahlungen an den Vermieter einstellen und dem Vermieter die Verzugsanschrift des Mitmieters mitteilen. Möglicherweise wird der Vermieter nach zwei ausgebliebenen Monatsmieten das Mietverhältnis dann wegen Zahlungsverzuges fristlos kündigen. Das Mietverhältnis wäre dann auch beendet.

Da der Vermieter allerdings nicht zur Kündigung verpflichtet ist und im Falle des Zahlungsverzuges auch Schadenersatzansprüche, z. B. für den Mietausfall bis zum Ablauf der gesetzlichen Kündigungsfrist für entgangene Zinsen oder Rechtsverfolgungskosten etc. erwirbt, sollte diese Methode nur im äußersten Notfall angewandt werden. Hier ist eine Beratung durch einen Fachanwalt für Mietrecht in jedem Fall ratsam.

---

[3] OLG Köln, Urteil vom 11. 04. 2006, 4 UF 169/2005

[4] Der Grund hierfür liegt darin, dass während des sogenannten Trennungsjahres auch eine Versöhnung ermöglicht werden soll, bevor die Zerrüttung endgültig vermutet wird.

Welche Rechte und Pflichten gelten nach Beendigung des Mietverhältnisses?

Ist das Mietverhältnis beendet, schulden die Mieter dem Vermieter zunächst die Rückgabe der Wohnung in einem Zustand, der den Regelungen des Mietvertrages entspricht. Dies bedeutet, dass je nach vertraglicher Gestaltung Schönheitsreparaturen ausgeführt und Einbauten, die der Mieter vorgenommen hat, zurückgebaut werden müssen. Außerdem müssen die Mieter dem Vermieter eventuelle Schäden an der Mietsache ersetzen. Der Vermieter schuldet den Mietern die Rückzahlung der Kaution und gegebenenfalls den Ersatz von Aufwendungen, die die Mieter auf die Mietsache gehabt haben, oder die Rückgewähr eines eventuell bei Beginn des Mietverhältnisses geleisteten Mieterdarlehens.

Wer muss Schönheitsreparaturen ausführen?

Das gesetzliche Leitbild des Mietrechts im BGB sieht vor, dass die Erhaltung der Mietsache – und dazu gehören auch die Schönheitsreparaturen – Aufgabe des Vermieters ist. Von dieser grundsätzlichen Regelung kann im Mietvertrag allerdings abgewichen werden, so dass dem Mieter die Ausführung der Schönheitsreparaturen auferlegt werden kann.

Unter Schönheitsreparaturen werden alle Renovierungsarbeiten verstanden, die durch die bestimmungsgemäße Abnutzung der Wohnung erforderlich werden. Die Schönheitsreparaturen umfassen in der Regel:

- das Tapezieren und Anstreichen der Wände und Decken
- das Lackieren von Heizungen und Heizungsrohren
- das Lackieren von Innentüren und Innenfenstern, sofern aus Holz

Die meisten Mietverträge enthalten eine solche Schönheitsreparaturklausel. Allerdings sind viele dieser Klauseln unwirksam, da sie nach der neueren Rechtsprechung des Bundesgerichtshofs den Mieter unangemessen benachteiligen.[5] Dies ist nach einer Faustre-

---

[5] BGH, Urteil vom 23. 06. 2004, VIII ZR 361/03, MDR 2004,1290

gel grundsätzlich immer dann der Fall, wenn der Mieter mit mehr Schönheitsreparaturen belastet wird, als er selbst abgewohnt hat.

Dies gilt insbesondere dann, wenn im Mietvertrag ein sogenannter „starrer" Fristenplan enthalten ist, der den Mieter zwingt, unabhängig vom tatsächlichen Zustand der Mieträume nach Ablauf eines definierten Zeitraumes die Schönheitsreparaturen durchzuführen.

Bestimmt also der Mietvertrag, dass die Schönheitsreparaturen „spätestens", „mindestens" oder „immer" nach Ablauf bestimmter Fristen zu erfolgen haben, liegt ein solcher starrer Fristenplan vor, der die Schönheitsreparaturklausel insgesamt unwirksam werden lässt.[6]

Die jüngste Rechtsprechung des Bundesgerichtshofs hat die Unwirksamkeit dieser Klauseln auch auf den Fall erweitert, dass der Fristenplan gar keinen Zusatz enthält.

Wichtige Gerichtsentscheidung:

BGH, Urteil vom 05.04.2006, VIII ZR 178/05, BGHReport 2006, 951

a) Ein formularmäßiger Fristenplan für die vom Mieter vorzunehmenden Schönheitsreparaturen ist auch dann starr und benachteiligt einen Mieter unangemessen im Sinne des § 307 BGB, wenn die Fristen allein durch die Angabe eines nach Jahren bemessenen Zeitraumes ohne jeden Zusatz bezeichnet sind.

b) Eine Klausel über die quotenmäßige Abgeltung angefangener Renovierungsintervalle verliert ihre Grundlage, wenn die vertragliche Regelung über die Abwälzung der Schönheitsreparaturenverpflichtung auf den Mieter unwirksam ist.

Hat der Fristenplan hingegen einen relativierenden Zusatz, wie z.B. „meistens", „in der Regel" oder „im Allgemeinen", oder wird im weiteren Text des Mietvertrages darauf hingewiesen, dass bei

---

[6] BGH, Urteile vom 5. 04. 2006, VIII ZR 106/05 und 152/05, BGHReport 2006, 956 und BGHReport 2006, 955

einem abweichenden Instandhaltungszustand der Wohnung von den vorgenannten Fristen abgewichen werden kann, so liegt kein starrer Fristenplan vor und die Überbürdung der Schönheitsreparaturen auf den Mieter ist wirksam.

Befinden sich im Mietvertrag mehrere Regelungen zu den Schönheitsreparaturen, sind diese in der Gesamtschau zu betrachten. Tritt zu einem wirksamen Fristenplan zusätzlich eine Anfangs- und/oder Endrenovierungsklausel hinzu, macht dies wegen des damit verbundenen Summierungseffektes die gesamten Regelungen zu den Schönheitsreparaturen unwirksam und die Mieter sind nicht verpflichtet, beim Auszug Schönheitsreparaturen vorzunehmen.

Viele formularmäßig abgefasste Mietverträge enthalten auch eine sogenannte „Quotenklausel". Eine solche Quotenklausel besagt, dass der Mieter, wenn bei Beendigung des Mietverhältnisses die Schönheitsreparaturen noch nicht fällig sind, abhängig vom Ablauf eines bestimmten Zeitraumes einen festen prozentualen Anteil an den erforderlichen Kosten für die Schönheitsreparaturen bezahlen muss. Diese Mietvertragsklausel wurde vom Bundesgerichtshof ganz aktuell ebenfalls für unwirksam erklärt:

Wichtige Gerichtsentscheidung:

BGH, Urteil vom 18. 10. 2006, VIII ZR 52/06, aus: www.bundesgerichtshof.de

Eine Formularklausel in einem Mietvertrag, die den Mieter bei Beendigung des Mietverhältnisses zur Zahlung eines allein vom Zeitablauf abhängigen Anteils an den Kosten für noch nicht fällige Schönheitsreparaturen nach festen Prozentsätzen auch dann verpflichtet, wenn ein diesem Kostenanteil entsprechender Renovierungsbedarf aufgrund des tatsächlichen Erscheinungsbildes der Wohnung noch nicht gegeben ist (Abgeltungsklausel mit „starrer" Abgeltungsquote), ist gemäß § 307 Abs. 1 Satz 1, Abs. 2 Nr. 1 BGB unwirksam, weil sie den Mieter entgegen den Geboten von Treu und Glauben unangemessen benachteiligt.

Sind die Klauseln zu den Schönheitsreparaturen unwirksam, schulden die Mieter keine Arbeiten am Ende der Mietzeit. Sie müssen die Wohnung lediglich besenrein übergeben.

> **Praxis-Tipp: Schönheitsreparaturklauseln**
>
> Sofern Zweifel bestehen, ob die konkreten Klauseln im Mietvertrag wirksam sind, sollte fachkundiger Rat bei einem Fachanwalt für Mietrecht eingeholt werden. Die möglicherweise ersparten Aufwendungen für die Schönheitsreparaturen können enorm sein.

Enthält der Mietvertrag nach den vorstehenden Erläuterungen eine wirksame Schönheitsreparaturklausel und sind im Mietvertrag beide Parteien als Mieter aufgeführt, schulden sie die Ausführung der Schönheitsreparaturen als Gesamtschuldner (§ 421 BGB).

Dies bedeutet, der Vermieter kann von jedem der Vertragspartner einzeln die vollständige Ausführung der Schönheitsreparaturen verlangen. Im Innenverhältnis findet dann gegebenenfalls ein Gesamtschuldnerausgleich statt, wenn die Leistung der Schönheitsreparaturen nicht durch Sonderregelungen verdrängt wird.

Von den Schönheitsreparaturen zu unterscheiden sind Beschädigungen der Mietsache, die der Mieter verursacht hat. Diese muss der Mieter dem Vermieter stets ersetzen, auch wenn die Schönheitsreparaturklausel unwirksam sein sollte. Hierbei handelt es sich etwa um zerbrochene Fenster, gesprungene Spiegel im Bad, abgeplatzte Steckdosenumrandungen o. Ä.

Die Ansprüche des Vermieters, sowohl auf Ausführung von Schönheitsreparaturen als auch wegen etwaiger Beschädigungen der Mietsache, unterliegen einer verkürzten Verjährungsfrist von sechs Monaten ab Rückgabe der Mietsache. Macht der Vermieter solche Ansprüche nicht innerhalb dieser Frist gerichtlich geltend, kann er sie nicht mehr durchsetzen.

Praxis-Tipp: Vorzeitige Rückgabe der Mietsache

Die Mieter sollten nach seinem Auszug so schnell wie möglich die Räume an den Vermieter zurückgeben. Dies auch, wenn das Mietverhältnis noch andauert, z. B., weil die Kündigungsfrist noch läuft oder weil ein zeitlich begrenzter Kündigungsverzicht noch wirksam ist, die getrennt Lebenden aber schon jeweils in neuen Wohnungen leben. Der Lauf der Verjährungsfrist für die Schönheitsreparaturen beginnt in diesen Fällen nämlich dann schon mit Rückgabe der Mietsache, so dass ein unaufmerksamer Vermieter hier gegebenenfalls bei Beendigung des Mietverhältnisses bezüglich nicht ausgeführter Schönheitsreparaturen leer ausgeht.

Wer muss die Wohnung an den Vermieter zurückgeben?

Grundsätzlich sind alle im Mietvertrag genannten Mieter zur Räumung der Wohnung verpflichtet (§ 546 BGB). Zieht einer der Mieter vorzeitig aus, entbindet ihn dies nicht von der vertraglichen Pflicht, die Mietsache an den Vermieter zurückzugeben. Dadurch, dass einer von mehreren Mietern den Besitz an der Wohnung im Gegensatz zu den anderen aufgibt, erlischt nicht der gegen ihn gerichtete Rückgabeanspruch des Vermieters.[7] Der Vermieter kann daher auch den bereits ausgezogenen Mieter auf Räumung der Wohnung verklagen.[8]

Andererseits kann der Vermieter mit einem Räumungsurteil, das nur gegen einen Ehepartner ergangen ist, nicht die Zwangsräumung der Wohnung betreiben, wenn der andere Ehepartner ebenfalls in der Wohnung wohnt, selbst wenn dieser andere Ehepartner nicht als Mieter im Mietvertrag genannt ist.[9]

---

[7] BGH, Beschluss vom 22.11.1995, VIII ARZ 4/95, MDR 1996, 251

[8] LG Berlin, Urteil vom 05.02.2005, 62 S 336/03, GE 2004, 352; LG Berlin, GE 2005, 1431; KG, Beschluss vom 25.07.2006, 8 W 34/06; KGR Berlin 2006, 935

[9] BGH, Beschluss vom 25.06.2004, IXa ZB 29/04, BGHReport 2004, 1520

Weigert sich der andere Mitmieter nach Beendigung des Mietverhältnisses auszuziehen, sollte der bereits ausgezogene Mitmieter alle Möglichkeiten ausschöpfen, rechtlich oder auch nur tatsächlich auf den in der Wohnung verbliebenen Mieter einzuwirken, damit dieser ebenfalls die Räume verlässt. Dies kann z. B. durch Angebot einer Umzugsbeihilfe o. Ä. erfolgen, um die Rückgabe der Wohnung an den Vermieter ohne kostenintensiven Räumungsrechtsstreit herbeizuführen.

Der ausgezogene Mieter hat im Innenverhältnis gegenüber seinem Mitmieter einen Rechtsanspruch auf Mitwirkung bei der Räumung. Der Mitmieter macht sich bei der Verletzung dieser Mitwirkungspflicht dem anderen Mieter gegenüber ersatzpflichtig.

Mehrere Mieter haften für die unteilbare Leistung der Rückgabe der Mietsache gemäß §§ 431, 421 BGB als Gesamtschuldner.

Die Wohnung ist an den Vermieter persönlich oder einen Vertreter der von ihm beauftragten Hausverwaltung herauszugeben. Hierbei sollte ein Abnahmeprotokoll erstellt werden, in das auch die Zählerstände von Strom, Wasser, Gas und Heizung aufgenommen werden sollten.

Der Einwurf der Wohnungsschlüssel in den Briefkasten des Hausmeisters stellt in der Regel keine ordnungsgemäße Rückgabe an den Vermieter dar, da der Hausmeister zumeist keine Vollmacht des Vermieters hat, die Räume für diesen entgegenzunehmen. Ist der Vermieter nicht bereit, die Wohnung entgegenzunehmen, z. B., weil er meint, der Mieter müsse noch zuvor Arbeiten in der Wohnung ausführen, sollte dies möglichst mit einem Zeugen dokumentiert werden. In einem solchen Fall kann es ratsam sein, sämtliche Wohnungsschlüssel per Einwurf-Einschreiben an den Vermieter zurückzusenden, da durch die Rückgabe der Mietsache zahlreiche Rechtsfolgen ausgelöst werden, wie z. B. der Beginn der Verjährungsfrist für die Ausführung von Schönheitsreparaturen oder das Ende der Verpflichtung zur Zahlung einer Nutzungsentschädigung, falls die Rückgabe nach Beendigung des Mietverhältnisses erfolgt.

Praxis-Tipp: Vorzeitiger Auszug nur eines Mieters

Zieht einer der Mieter vorzeitig aus der Wohnung aus, sollte er dies dem Vermieter unverzüglich unter Widerruf einer eventuell im Mietvertrag enthaltenen Vollmacht für den anderen Mieter anzeigen und seine neue Anschrift bekannt geben. Diese Anzeige entbindet ihn zwar nicht von der Pflicht zur Rückgabe der Mietsache, hat aber andere Vorteile: Der Vermieter muss nun eventuellen Schriftverkehr auch an den ausgezogenen Mieter an dessen neue Anschrift senden. So können Erklärungen des Vermieters, wie etwa Betriebskostenabrechnungen oder Zustimmungsverlangen zur Mieterhöhung, nicht unerkannt wirksam werden, wenn sie nur in den zur Wohnung gehörenden Briefkasten zugestellt werden.

Wird die Wohnung nach Beendigung des Mietverhältnisses an den Vermieter nicht rechtzeitig zurückgegeben, hat der Vermieter gegen beide Mieter als Gesamtschuldner Anspruch auf eine Nutzungsentschädigung, bis er die Wohnung zurückerhält (§ 546a BGB). Die Höhe der Nutzungsentschädigung entspricht nach Wahl des Vermieters entweder der ortsüblichen oder der bisherigen vertraglichen Miete. Daneben kann der Vermieter weiteren Schadenersatz geltend machen, z. B. für nutzlose Vermietungsanzeigen in der Zeitung, Maklerkosten o. Ä.

Wem steht die Kaution zu?

Beispiel:

Herr Schwarzbach und Frau Schneeweiß leben in einer nichtehelichen Lebensgemeinschaft. Herr Schwarzbach hat 1995 bei Beginn des Mietverhältnisses die Kaution für die gemeinsame Wohnung in Höhe von 1.500 Euro alleine an den Vermieter bezahlt. 2005 trennen sich die beiden und kündigen das gemeinsame Mietverhältnis.

Nach Beendigung des Mietverhältnisses und nach Rückgabe der Mietsache hat der Vermieter ein etwa drei- bis sechsmonatiges

Überlegungsrecht, ob er gegenüber den früheren Mietern noch Forderungen hat, die er mit der Kaution verrechnen möchte.

Solche Forderungen können z. B. Mietrückstände, Nachforderungen aus Betriebskostenabrechnungen oder Schadenersatzforderungen wegen Beschädigungen an der Mietsache sein.

Liegen solche Ansprüche nicht vor, muss der Vermieter spätestens sechs Monate nach Beendigung des Mietverhältnisses eine Abrechnung über die Kaution erteilen. Hierbei muss der Vermieter angeben, welche Zinserträge die Kaution erbracht hat. Diese Zinsen stehen den Mietern zu, wenn keine Gegenforderungen des Vermieters bestehen.

Sind beide Lebensgefährten Mieter gewesen, steht die Auszahlung der Kaution beiden Mietern als Gesamtgläubigern zu, § 428 BGB.[10] Dies bedeutet in unserem Beispielfall, dass der Vermieter im Außenverhältnis die Kaution nach seinem Belieben an Herrn Schwarzbach oder Frau Schneeweiß in voller Höhe auszahlen kann.

Im Innenverhältnis haben die Gesamtgläubiger ohne anderweitige Absprachen untereinander einen Ausgleichsanspruch nach § 430 BGB, so dass beide Mieter zu gleichen Teilen berechtigt sind. Zahlt der Vermieter die Kaution an Herrn Schwarzbach in voller Höhe zurück, kann Frau Schneeweiß von Herrn Schwarzbach die Hälfte der Kaution und der Zinsen herausverlangen, auch wenn sie bei Beginn des Mietverhältnisses diese nicht bezahlt hat.

Da die Leistung der Kaution bei Beginn des Mietverhältnisses im Außenverhältnis gegenüber dem Vermieter eine Gesamtschuld für beide Mieter darstellte, hätte Herr Schwarzbach bei Beginn des Mietverhältnisses einen hälftigen Ausgleichsanspruch gegen Frau Schneeweiß gehabt (§ 426 BGB). Dieser Anspruch ist allerdings am 31.12.2004 verjährt.

Wären Frau Schneeweiß und Herr Schwarzbach verheiratet, gälten für die Rückzahlung der Kaution die gleichen Regeln. Bei Ehepaaren besteht aber mangels anderer Absprachen wohl kein Aus-

---

[10] OLG Düsseldorf, Urteil vom 16.10.2003, 10 U 46/03

gleichsanspruch bei Zahlung der Kaution nur durch einen Ehegatten, da diese Leistung in der Regel als Beitrag zum ehelichen Unterhalt angesehen wird.

Praxis-Tipp: Vorbehaltlose Rückzahlung der Kaution durch den Vermieter

Zahlt der Vermieter die Kaution bei Vertragsende vorbehaltlos aus, so bestätigt der Vermieter damit, dass er den Zustand der Mietsache als vertragsgerecht anerkennt und keine Gegenforderungen mehr geltend macht. Eine spätere Geltendmachung von Schadenersatzansprüchen oder bereits fälligen Miet- oder Betriebskostenforderungen ist dann ausgeschlossen.[11]

Ist das Mietverhältnis noch nicht beendet, steht im Rahmen eines Wohnungszuweisungsverfahrens dem weichenden Ehegatten keine Ausgleichszahlung für die geleistete Mietkaution zu.[12]

Was gilt bezüglich der Betriebskostenabrechnung?

Waren die Mieter nach den Regelungen des Mietvertrages verpflichtet, neben der Miete auch die Betriebskosten zu tragen, geschieht dies in der Regel durch die Zahlung von monatlichen Vorschüssen, über die einmal jährlich abgerechnet wird. Aus dieser Abrechnung kann sich ein Guthaben der Mieter oder eine Nachforderung des Vermieters ergeben.

Ebenso wie in Bezug auf die Miete sind die Mieter auch bezüglich der Betriebskostenvorauszahlungen Gesamtschuldner (§ 421 BGB), d.h. sie haften beide in voller Höhe für diese Forderungen. Gleiches gilt daher auch für die Nachforderung aus der Betriebskostenabrechnung.

Besteht bei Beendigung des Mietverhältnisses aus der Betriebskostenabrechnung ein Guthaben für die Mieter, sind die Mieter – wie

---

[11]   OLG München, Urteil vom 14.07.1989, 21 U 2279/89; OLGR München 1996, 159

[12]   SchlHOLG, Beschluss vom 28.02.1997, 15 UF 25/96; OLGR Schleswig 1998, 87

beim Kautionsrückforderungsanspruch – Gesamtgläubiger. Der Vermieter kann nach seiner Wahl an einen der Mieter das Guthaben auszahlen. Untereinander sind die Mieter mangels anderweitiger Vereinbarung zu gleichen Teilen berechtigt.

Nur eine Partei möchte die Wohnung behalten

Möchte nur eine Partei das Mietverhältnis fortführen, kommt es darauf an, wer im Außenverhältnis Vertragspartner des Vermieters ist. Folgende drei Fallvarianten sind denkbar:

- Die Wohnung wurde von der Partei angemietet, die bleiben möchte.

- Die Wohnung wurde von der Partei angemietet, die ausziehen möchte.

- Die Wohnung wurde von beiden gemeinsam angemietet.

Die Wohnung wurde von der Partei angemietet, die bleiben möchte

Beispiel:

Herr Weinstein und Herr Spielmann wohnen als eingetragene Lebenspartner in einer Wohnung, die nur von Herr Weinstein angemietet ist. Die beiden trennen sich. Herr Spielmann sucht sich eine neue Wohnung und zieht aus.

In diesem Fall sind mietrechtlich keine Besonderheiten zu beachten. Herr Weinstein war bereits während der Dauer des Zusammenlebens stets nur alleiniger Mieter der Wohnung. Vertragliche Beziehungen zwischen dem Vermieter und Herrn Spielmann bestanden daher nicht. Herr Spielmann kann daher ohne Auswirkungen im Außenverhältnis ausziehen.

Im Innenverhältnis müssen sich die beiden darüber einig werden, ob Herr Spielmann sich noch an den Kosten der nächsten Betriebskostenabrechnung oder anteilig an den Kosten der nächsten Schönheitsreparaturen beteiligt.

Wären die Mieter ein Ehepaar oder eine nichteheliche Lebensgemeinschaft, ergäben sich hieraus die gleichen Rechtsfolgen.

Die Wohnung wurde von der Partei angemietet, die ausziehen möchte

Beispiel:

Herr und Frau Bauer sind seit sieben Jahren verheiratet. Nach der Heirat war Frau Bauer in die von Herrn Bauer allein angemietete Wohnung mit eingezogen. Herr Bauer hat sich nun in eine junge Spanierin verliebt und möchte zu dieser nach Spanien ziehen. Frau Bauer möchte in der gewohnten Umgebung verbleiben und würde gerne die frühere Ehewohnung weiterhin bewohnen.

In diesem Fall bestand zwischen dem Vermieter und Frau Bauer während der Dauer des Zusammenlebens in der Wohnung keine vertragliche Beziehung. Diese besteht nur mit Herrn Bauer.

Es muss daher eine Vertragsänderung herbeigeführt werden, wenn Frau Bauer die Wohnung weiter nutzen möchte. Bezüglich einer solchen Vertragsänderung besteht gegenüber dem Vermieter kein Rechtsanspruch. Eine Ausnahme stellt insofern nur das Ehewohnungszuweisungsverfahren dar, bei dem durch gerichtliche Entscheidung in das Vertragsverhältnis eingegriffen wird. Einzelheiten hierzu werden nachfolgend im Abschnitt „Dauerhafte Regelungen über die Nutzung der vormaligen Ehewohnung" näher erläutert.

Praxis-Tipp:

In diesem Fall sollten sich der bisherige Mieter und der künftige Mietinteressent mit der freundlichen Bitte an den Vermieter wenden, den Vertrag auf den in der Wohnung verbleibenden Ehegatten umzuschreiben.

Folgende Argumente können gegenüber dem Vermieter für die Vertragsänderung vorgebracht werden:

- ein sonst notwendiger Umzug könnte Unruhe in die Hausgemeinschaft bringen

- bei einem sonst erforderlichen Auszug beider Mieter könnten Leerstand und Mietausfall drohen

- der Vermieter konnte bereits positive Erfahrungen mit der potenziellen Mieterin sammeln, da sie bereits im Haus gewohnt hat

Liegt die derzeitige Miete unter der ortsüblichen Miete, wird der Vermieter die Zustimmung zur Vertragsänderung häufig davon abhängig machen, dass einer entsprechenden Mieterhöhung zugestimmt wird.

Ist der Vermieter mit der Vertragsänderung einverstanden, sollte eine kurze schriftliche Erklärung verfasst werden, die diese Änderung sowie etwaige wechselseitige offene Forderungen der bisherigen Vertragsparteien zum Zeitpunkt des Vertragswechsels und eine Bestimmung über die Kaution dokumentiert:

Musterschreiben: Übernahmevertrag

Vereinbarung zwischen Andreas Bauer (Mieter), Conrad Claudius (Vermieter) und Margarete Bauer (Mietinteressentin):

Zwischen Mieter und Vermieter besteht seit dem 01.07.1997 ein Mietvertrag über die Drei-Zimmer-Wohnung Musterstraße 1 in 99999 Musterstadt, Erdgeschoss links. Die Mietinteressentin wohnt seit dem 13.05.1999 bereits als Ehefrau des Mieters in der vorgenannten Wohnung, ohne bislang Mieterin gewesen zu sein. Die Parteien dieser Vereinbarung sind sich darüber einig, dass Herr Bauer zum 31.08.2006 aus dem Mietverhältnis ausscheidet und der Mietvertrag auf Mieterseite von Frau Bauer übernommen wird. Frau Bauer tritt in alle

Bestimmungen des schriftlichen Mietvertrages vom 01.09.2006, von dem sie eine Kopie vorab erhalten hat, ein. Die Kaution einschließlich der aufgelaufenen Zinsen verbleibt bei Herrn Claudius und kann bei Beendigung des Mietverhältnisses an Frau Bauer ausgezahlt werden. Herr Claudius bestätigt, dass per heute keine Mietrückstände bestehen. Frau Bauer bestätigt, dass die Wohnung aktuell keine Mängel aufweist. Herr und Frau Bauer sind sich einig, dass Schönheitsreparaturen derzeit nicht fällig sind, da diese erst im vergangenen Jahr ausgeführt wurden.

(Datum, Unterschriften Herr Bauer, Herr Claudius, Frau Bauer)

Ab dem in der Vereinbarung genannten Termin wird das Mietverhältnis dann nur noch mit Frau Bauer als Mieterin weitergeführt. Diese ist ab dem Zeitpunkt dann allein finanziell für die Bezahlung der Miete und alle anderen sich aus dem Mietverhältnis ergebenden Verpflichtungen verantwortlich.

Da die Kaution nach der Regelung in der Mustervereinbarung beim Vermieter verbleibt, hat Frau Bauer ihrem Mann diesen Betrag zuzüglich der bis dahin aufgelaufenen Zinsen zu erstatten.

Von der Betriebskostenabrechnung, die auf die Vertragsänderung folgt, hat im Innenverhältnis zwischen den Eheleuten Herr Bauer im Falle eines Guthabens Anspruch auf den zeitanteiligen Betrag, bei einer Nachzahlung muss er den zeitanteiligen Betrag bezahlen.

Beispiel:

Die Vertragsänderung tritt zum 31.08. eines Jahres ein, die Betriebskosten werden nach dem Kalenderjahr abgerechnet. Besteht ein Betriebskostenguthaben aus dem Jahr des Auseinanderziehens in Höhe von 120 Euro, hat Herr Bauer Anspruch auf 8/12 des Betrages, also im Beispielsfall 80 Euro. Weist die Abrechnung eine Nachforderung des Vermieters von 180 Euro aus, muss Herr Bauer hiervon 8/12 des Betrages, also 120 Euro bezahlen.

Ist der Vermieter mit einer Vertragsänderung nicht einverstanden, muss Herr Bauer den Mietvertrag kündigen. Eine Überlassung der Wohnung an Frau Bauer nach dem Auszug von Herrn Bauer wäre nämlich eine unzulässige Gebrauchsüberlassung an Dritte, so dass dies eine Pflichtverletzung dem Vermieter gegenüber darstellte. Selbst wenn sich die Eheleute einig wären, müsste Frau Bauer in diesem Fall ausziehen.

Die Wohnung wurde von beiden gemeinsam angemietet

Beispiel:

Herr Paulus und Frau Sibelius wohnen in nichtehelicher Lebensgemeinschaft in einer Wohnung, die sie beide gemeinsam angemietet haben. Die beiden trennen sich und Herr Paulus zieht aus. Frau Sibelius möchte die bisherige Wohnung beibehalten, da ihre Arbeitsstelle nur wenige Minuten entfernt liegt.

Da hier nur einer von bisher zwei Mietern die Wohnung behalten möchte, ist wie im vorhergehenden Beispiel eine Vertragsänderung notwendig, an der sowohl beide Mieter als auch der Vermieter mitwirken müssen.

Der Vermieter muss sich auf eine solche Vertragsänderung nicht einlassen, da er bei nur einem Mieter gegenüber vorher zwei Mietern einen Vertragspartner weniger hat, der ihm für die Miete und andere Forderungen aus dem Mietverhältnis einstehen muss.

Eine Ausnahme stellt insofern nur das Ehewohnungszuweisungsverfahren dar, bei dem durch gerichtliche Entscheidung in das Vertragsverhältnis eingegriffen wird. Einzelheiten hierzu werden nachfolgend im Abschnitt „Dauerhafte Regelungen über die Nutzung der vormaligen Ehewohnung" näher erläutert. Bei nichtehelichen Lebensgemeinschaften kommt dieses Verfahren aber ohnehin nicht in Betracht.

Praxis-Tipp:

Möchte einer der beiden bisherigen Mieter das Mietverhältnis fortführen, sollten die beiden Mieter den Vermieter freundlich bitten, ob er einer Entlassung des einen Mieters aus dem Vertragsverhältnis und der Fortführung des Vertrages mit nur noch dem anderen Mieter zustimmt.

Argumente gegenüber dem Vermieter können sein:

- bisherige gute Erfahrungen mit dem verbleibenden Mieter
- bei einem Auszug beider Mieter droht Leerstand und Mietausfall
- der Auszug der Mieter könnte Unruhe in die Hausgemeinschaft bringen
- ein neuer Mieter birgt immer das Risiko der Zahlungsunfähigkeit und Vertragsuntreue
- dem Vermieter kann (falls bisher nicht vereinbart) eine Kaution von bis zu drei Nettomieten angeboten werden

Liegt die derzeitige Miete unter der ortsüblichen Miete, wird der Vermieter die Zustimmung zur Vertragsänderung häufig davon abhängig machen, dass einer entsprechenden Mieterhöhung zugestimmt wird.

Ist der Vermieter mit der Vertragsänderung einverstanden, sollte eine kurze schriftliche Erklärung verfasst werden, die diese Änderung sowie eine getroffene Regelung über die geleistete Kaution dokumentiert:

Musterschreiben: Entlassung eines Mieters aus dem Mietvertrag

Vereinbarung zwischen Herrn Paulus und Frau Sibelius (Mieter) einerseits und Viktor Völker (Vermieter) andererseits:

Zwischen den vorgenannten Parteien besteht seit dem 01.04.2003 ein Mietvertrag über die Drei-Zimmer-Wohnung Musterstraße 1 in 99999 Musterstadt, Erdgeschoss links. Die Parteien sind sich darüber einig, dass Herr Paulus zum 31.01.2007 aus dem Mietverhältnis ausscheidet und der Mietvertrag auf Mieterseite nur noch von Frau Sibelius allein fortgeführt wird. Die Kaution verbleibt bei Herrn Völker und kann bei Beendigung des Mietverhältnisses an Frau Sibelius allein ausgezahlt werden. Bezüglich etwaiger Fristen gilt für das fortgesetzte Mietverhältnis als Mietbeginn das Datum des schriftlichen Mietvertrages vom 01.02.2007, dessen Bestimmungen im Übrigen uneingeschränkt weiter gelten.

(Datum, Unterschriften Frau Sibelius, Herr Paulus und Herr Völker)

Ab dem in der Vereinbarung genannten Termin wird das Mietverhältnis dann nur noch mit dem einen verbliebenen Mieter weitergeführt. Dieser ist ab diesem Zeitpunkt dann auch allein finanziell verantwortlich für die Bezahlung der Miete und alle anderen sich aus dem Mietverhältnis ergebenden Verpflichtungen.

Sofern keine anderen Vereinbarungen bestehen, hat der verbleibende Mieter der ausziehenden Partei die Hälfte der Kaution zuzüglich Zinsen zu erstatten, da bei einer Beendigung des Mietverhältnisses die Kaution im Rahmen des Gesamtgläubigerausgleiches beiden jeweils zur Hälfte zugestanden hätte.

Von der Betriebskostenabrechnung, die auf die Vertragsänderung folgt, hat wegen des vorzunehmenden Gesamtschuldnerausgleiches im Innenverhältnis zwischen den beiden Parteien die ausziehende Partei im Falle eines Guthabens Anspruch auf die Hälfte des zeitanteiligen Betrages, bei einer Nachzahlung muss die Hälfte des zeitanteiligen Betrages bezahlt werden.

Beispiel:

Die Vertragsänderung tritt zum 30.06. eines Jahres ein, die Betriebskosten werden nach dem Kalenderjahr abgerechnet. Besteht ein Betriebskostenguthaben aus dem Jahr des Auseinanderziehens in Höhe von 300 Euro, hat der ausziehende Mieter Anspruch auf die Hälfte von 6/12 des Betrages, also im Beispielsfall 75 Euro. Weist die Abrechnung eine Nachforderung des Vermieters von 600 Euro aus, muss der ausgezogene Mieter hiervon die Hälfte von 6/12 des Betrages, also 150 Euro, bezahlen.

Haben die Mieter im Mietvertrag die Ausführung der Schönheitsreparaturen übernommen, sollte geprüft werden, ob die Ausführung bei Auszug der einen Partei fällig ist. Die Arbeiten sollten dann ausgeführt werden und beide Mieter die Hälfte der Kosten tragen. Ist die ausziehende Partei hierzu nicht bereit und kann auch eine Einigung über einen finanziellen Ausgleich nicht erzielt werden, müsste der verbleibende Mieter im Rahmen des Gesamtschuldnerausgleiches Ersatz von dem ausziehenden Mieter verlangen.

Ist der Vermieter mit einer Vertragsänderung nicht einverstanden, bleibt zum Erhalt der Wohnung für den einen Mieter nur die Möglichkeit, dass der ausziehende Partner weiterhin Mieter bleibt und der verbleibende Mieter den ausziehenden Mieter im Innenverhältnis von allen Forderungen aus dem Mietverhältnis freistellt. Diese Lösungsmöglichkeit bietet sich allerdings nur an, wenn die Trennung einvernehmlich erfolgt und weiterhin eine gute Vertrauensbasis zwischen den beiden Mietern gegeben ist. Anderenfalls birgt diese Konstellation für den Ausziehenden ein erhebliches Haftungsrisiko, da er im Außenverhältnis dem Vermieter gegenüber weiterhin für sämtliche sich aus dem Mietvertrag ergebende Forderungen in voller Höhe haftet.

In der Regel wird daher bei fehlender Zustimmung des Vermieters zur Vertragsänderung das Mietverhältnis von beiden Mietern zu kündigen sein.

Wann kann ich einen Teil der Wohnung untervermieten?

Beispiel:

Herr und Frau Tief leben mit ihrer 15-jährigen Tochter Annika in einer von Frau Tief allein angemieteten Wohnung. Nach der Trennung möchte Frau Tief mit Annika weiterhin in dieser Wohnung bleiben, da die Schule der Tochter in der Nachbarschaft liegt und das soziale Umfeld nicht verändert werden soll. Da die Unterhaltszahlungen nicht ausreichen, um die Miete für die Wohnung allein zu bezahlen, möchte sie ein Zimmer und das Gästebad untervermieten.

Die Untervermietung ist im Bürgerlichen Gesetzbuch in § 553 BGB geregelt.

§ 553 BGB Gestattung der Gebrauchsüberlassung an Dritte

(1) Entsteht für den Mieter nach Abschluss des Mietvertrags ein berechtigtes Interesse, einen Teil des Wohnraums einem Dritten zum Gebrauch zu überlassen, so kann er von dem Vermieter die Erlaubnis hierzu verlangen. Dies gilt nicht, wenn in der Person des Dritten ein wichtiger Grund vorliegt, der Wohnraum übermäßig belegt würde oder dem Vermieter die Überlassung aus sonstigen Gründen nicht zugemutet werden kann.

(2) Ist dem Vermieter die Überlassung nur bei einer angemessenen Erhöhung der Miete zuzumuten, so kann er die Erlaubnis davon abhängig machen, dass der Mieter sich mit einer solchen Erhöhung einverstanden erklärt.

(3) Eine zum Nachteil des Mieters abweichende Vereinbarung ist unwirksam.

Daraus ergibt sich, dass eine Untervermietung unter Erlaubnisvorbehalt steht, also zunächst einmal durch den Vermieter genehmigt werden muss. Frau Tief kann daher nicht, ohne den Vermieter zu fragen, die Räume einem Untermieter überlassen.

Weiterhin ergibt sich aus der zuvor zitierten Norm, dass nur ein Teil der Wohnung untervermietet werden darf. Wenn die ganze Wohnung untervermietet werden soll, kann das Mietverhältnis ebenso gut gekündigt werden. Hintergrund dieser Regelung ist, dass das Recht auf Untervermietung dazu dienen soll, dass der Mieter bei veränderten Lebensumständen seinen Lebensmittelpunkt an dem vertrauten Ort aufrechterhalten kann. Die Möglichkeit, eine billige Wohnung möglicherweise teurer untervermieten zu können, stellt hingegen keinen berechtigten Grund einer Untervermietung dar.

Wenn die gesetzlichen Voraussetzungen vorliegen, muss der Vermieter die Genehmigung zur Untervermietung jedoch erteilen. Das Recht zur Untervermietung kann im Mietvertrag nicht grundsätzlich ausgeschlossen werden.

Als erste Voraussetzung muss während des laufenden Mietverhältnisses ein Grund entstehen, warum Frau Tief einen Teil der Wohnung untervermieten möchte. Dies ist das sogenannte berechtigte Interesse. Ein solcher Grund kann die plötzliche Arbeitslosigkeit des Mieters, der Tod eines Mitbewohners oder aber eben auch der Auszug eines Partners nach einer Trennung sein. Das berechtigte Interesse liegt bei Frau Tief demnach vor.

Als weitere Voraussetzung muss die Untervermietung für den Vermieter zumutbar sein. Dies wäre nicht der Fall, wenn statt des ausziehenden Partners in dem frei werdenden Raum eine mehrköpfige Familie aufgenommen werden soll und die Wohnung damit überbelegt würde. Ein weiteres Beispiel für die Unzumutbarkeit wäre es, wenn der Untermieter bereits dafür bekannt wäre, dass er ein Rauf- und Trunkenbold ist, der schon mehrfach von anderen Vermietern gekündigt wurde, weil er andere Mieter im Treppenhaus belästigt hat.

Frau Tief muss daher den Untermietinteressenten dem Vermieter namentlich benennen, damit dieser gegebenenfalls Erkundigungen über den Untermieter einholen kann.

Mangelnde Zahlungsfähigkeit des Untermieters ist hingegen kein Grund für den Vermieter, die Untervermietungsgenehmigung zu verweigern. Denn der Vermieter erhält die Miete weiterhin ausschließlich von seinem Mieter und nicht vom Untermieter. Mangelnde Bonität des Untermieters ist daher nur ein Problem für den Hauptmieter, nicht aber für den Vermieter.

Der Vermieter darf die Erlaubnis zur Untervermietung gegebenenfalls von einem sogenannten Untermietzuschlag zur Miete abhängig machen. Dies ist dann der Fall, wenn beispielsweise durch den Untermieter erhöhte Betriebskosten verursacht werden, die in der Miete enthalten sind. In der mietrechtlichen Literatur wird zum Teil auch vertreten, der Vermieter hätte Anspruch darauf, an der Einnahme des Mieters bezüglich der Untermiete zu partizipieren, und zwar in Höhe von 10 bis 20 Prozent der Untermiete.

Bei Sozialwohnungen ist der Untermietzuschlag gesetzlich geregelt. Gemäß § 26 Abs. 2 NMV beträgt er bei einem Untermieter 2,50 Euro und bei zwei und mehr Untermietern 5 Euro monatlich.

Beide Parteien möchten die Wohnung behalten

Wollen beide Partner, dass der jeweilige andere Partner auszieht, liegt eine Konfliktsituation vor. Können die Parteien diese nicht aus eigener Kraft lösen, besteht die Möglichkeit einer Mediation.[13] Ist die Auseinandersetzung bereits so verhärtet, dass eine Mediation nicht mehr möglich ist, hängen die möglichen Rechtsbehelfe und die notwendigen Schritte davon ab, wer im Außenverhältnis Mieter der Wohnung ist und welche Rechtsform das Zusammenleben im Innenverhältnis hat.

Was müssen Eheleute/eingetragene Lebenspartner beachten?

Ist das Zusammenleben im Innenverhältnis als Ehe oder eingetragene Lebenspartnerschaft organisiert, haben die Parteien mehr rechtliche Möglichkeiten als nichteheliche Lebensgemeinschaften. Je nachdem, wie die Parteien im Außenverhältnis den Mietvertrag abgeschlossen haben, ergeben sich die nachfolgend erläuterten Konstellationen.

Nur ein Ehegatte/Lebenspartner ist Mieter der Wohnung

Im Falle der Trennung kann der Ehegatte/Lebenspartner, der Mieter der Wohnung ist, die andere Partei zum Verlassen der Wohnung auffordern. Das Besitzrecht des anderen leitet sich nämlich nur aus der Tatsache der gemeinsamen Lebensgestaltung ab. Endet diese, besteht für den Ehegatten/Lebenspartner, der nicht Mietvertragspartner ist, kein eigenes Besitzrecht aus dem Mietvertrag.

Bei der Räumungsaufforderung ist unter dem Aspekt des Grundsatzes von Treu und Glauben dem anderen eine angemessene Räumungsfrist zu gewähren.

Weigert sich der Ehegatte oder Lebenspartner, auszuziehen, kann und muss Räumungsklage erhoben werden. Ein eigenmächtiges „Vor-die-Tür-Setzen" ist wegen des staatlichen Gewaltmonopols nicht erlaubt, in diesem Fall könnte der hinausgeworfene Ehegatte/Lebenspartner im Wege des einstweiligen Rechtsschutzes die Wiedereinräumung des Besitzes verlangen, bis über die Räumungsklage entschieden ist.

---

[13] Hierzu erschien im gleichen Verlag der Ratgeber: Karin Susanne Delerue/Frauke Reeckmann-Fiedler, Mediation bei Scheidung und Erbschaft, Walhalla Fachverlag, Regensburg, Berlin

Bei Vorliegen der hierfür erforderlichen weiteren Voraussetzungen können die Ehegatten/Lebenspartner gegebenenfalls auch gerichtliche Maßnahmen im Rahmen des Gewaltschutzgesetzes oder nach der HausratsVO gegen den jeweils anderen einleiten. Diese Verfahren sind im Abschnitt „Regelungen ohne Zustimmung des anderen" erläutert.

Mietrechtlich ist und bleibt im Außenverhältnis der Ehegatte/Lebenspartner Mieter, der mit dem Vermieter den Mietvertrag abgeschlossen hat. Mietrechtliche Besonderheiten gelten in diesem Fall nicht. Eine Ausnahme stellt insoweit nur der richterliche Eingriff in das Mietverhältnis dar, der im Abschnitt „Dauerhafte Regelungen über die Nutzung der vormaligen Ehewohnung" erläutert ist.

Beide Ehegatten/Lebenspartner sind Mieter der Wohnung

Sind beide Ehegatten/Lebenspartner Vertragspartner des Vermieters, kann nicht einer den anderen zum Verlassen der Wohnung auffordern. Beide haben das gleiche, aus dem Mietvertrag abgeleitete unmittelbare Besitzrecht an der Wohnung wie der jeweils andere.

Liegen die entsprechenden Voraussetzungen vor, können die Ehegatten/Lebenspartner gegebenenfalls auch gerichtliche Maßnahmen im Rahmen des Gewaltschutzgesetzes oder nach der HausratsVO gegen den jeweils anderen einleiten.

Sofern die Voraussetzungen dieser Verfahren nicht vorliegen, bleibt den Ehegatten/Lebenspartnern nichts anderes übrig, als das Mietverhältnis gemeinsam zu kündigen. Jede Partei kann für sich dann versuchen, den Vermieter dazu zu bewegen, einen neuen Mietvertrag mit ihm/ihr abzuschließen.

Weigert sich der andere, an der Kündigung mitzuwirken, kann er gerichtlich hierzu gezwungen werden.

Welche Rechte und Pflichten dann nach Beendigung des Mietverhältnisses bestehen, wurde bereits im Abschnitt „Welche Rechte und Pflichten gelten nach Beendigung des Mietverhältnisses?" erläutert.

Was müssen Paare einer nichtehelichen Lebensgemeinschaft beachten?

Auch hier ist zu unterscheiden, ob im Außenverhältnis der Mietvertrag mit beiden oder nur mit einem der Lebensgefährten abgeschlossen wurde.

Der Mietvertrag ist nur mit einer Partei abgeschlossen

Ist nur einer der beiden Vertragspartei des Mietvertrages, gilt auch hier, dass er bei Beendigung der nichtehelichen Lebensgemeinschaft die andere Partei zum Verlassen der Wohnung auffordern kann. Denn auch in diesem Fall leitet sich das Besitzrecht an der Wohnung für den Nichtmieter nur aus der gemeinsamen Lebensführung ab. Wie unter Eheleuten ist unter dem Aspekt des Grundsatzes von Treu und Glauben dem anderen eine angemessene Räumungsfrist zu gewähren. Ebenso muss der Mieter gegen seinen Mitbewohner Räumungsklage erheben, wenn dieser sich weigert, die gemeinsame Wohnung zu verlassen. Ein eigenmächtiger Ausschluss des anderen von der Nutzung der Wohnung, z.B. durch Auswechslung der Schlösser, ist nicht zulässig und könnte von der anderen Partei im Wege des einstweiligen Rechtsschutzes rückgängig gemacht werden.

Bei Vorliegen der hierfür erforderlichen weiteren Voraussetzungen können auch nichteheliche Lebensgefährten gerichtliche Maßnahmen im Rahmen des Gewaltschutzgesetzes einleiten. Dieses Verfahren ist im Abschnitt „Regelungsmöglichkeiten nach dem Gewaltschutzgesetz" näher erläutert.

Verfahren nach der HausratsVO sind Parteien einer nichtehelichen Lebensgemeinschaft hingegen verwehrt, da diese an die Ehe oder die eingetragene Lebenspartnerschaft anknüpfen.

Der Mietvertrag ist mit beiden Parteien abgeschlossen

Wenn beide Parteien einer nichtehelichen Lebensgemeinschaft den Mietvertrag gemeinsam abgeschlossen haben, kann – wie bei Ehepaaren/Lebenspartnern – nicht einer den anderen zum Verlassen der Wohnung auffordern. Beide haben das gleiche, aus dem Mietvertrag abgeleitete unmittelbare Besitzrecht an der Wohnung wie der jeweils andere.

Liegen die entsprechenden Voraussetzungen vor, können die Parteien der nichtehelichen Lebensgemeinschaft gegebenenfalls auch gerichtliche Maßnahmen im Rahmen des Gewaltschutzgesetzes, nicht aber nach der HausratsVO gegen den jeweils anderen einleiten.

Sofern die Voraussetzungen des Gewaltschutzgesetzes nicht vorliegen, bleibt den nichtehelichen Lebensgefährten nur die Möglichkeit, das Mietverhältnis gemeinsam zu kündigen, wobei jede Partei versuchen kann, mit dem Vermieter einen neuen Mietvertrag mit ihm/ihr abzuschließen.

Weigert sich der Andere, an der Kündigung mitzuwirken, kann er darauf verklagt werden.

Welche Rechte und Pflichten dann nach Beendigung des Mietverhältnisses bestehen, wurde bereits erläutert.

Regelungen ohne Zustimmung des anderen

Der Gesetzgeber unterscheidet hier zwischen verheirateten Paaren, den Partnern einer eingetragenen Lebenspartnerschaft, die den Eheleuten in dieser Hinsicht weitestgehend gleichgestellt sind, und den sogenannten nichtehelichen Lebensgemeinschaften.

Hintergrund für diese Unterscheidung ist, dass gerade im Hinblick auf die Wohnung durch ein gerichtliches Verfahren auch in die Rechte des Vermieters eingriffen werden kann, wenn das Gericht beispielsweise einem von beiden die Wohnung zur alleinigen Nutzung zuweist.

Grundsätzlich steht dem Vermieter nach dem Grundsatz der Vertragsfreiheit zu, sich aussuchen zu dürfen, mit wem er einen Mietvertrag abschließt. Um in dieses Recht des Vermieters eingreifen zu können, bedarf es einer besonderen Regelungsnotwendigkeit.

Diese Notwendigkeit wird in der Regel nur für die sogenannte „Ehewohnung" gesehen oder in den Fällen, in denen eine besondere Eingriffsnotwendigkeit aufgrund vorausgegangener Gewalttätigkeiten erforderlich ist, da hier höherrangige Rechtsgüter als die Vertragsfreiheit in Gefahr sind.

Was ist die Ehewohnung?

Die Ehewohnung, auf die namentlich in § 1 HausratsVO Bezug genommen wird, wird in der Rechtsprechung und familienrechtlichen Literatur definiert als jeder Raum, den die Eheleute nach den tatsächlichen Verhältnissen entweder zu Wohnzwecken benutzt haben oder der nach allen berücksichtigungsfähigen Umständen jedenfalls dafür bestimmt war. Eine Gesetzesdefinition für den Begriff „Ehewohnung" existiert nicht. Nach allgemeiner Meinung ist der Begriff aber weit auszulegen. Die Ehewohnung bildet das räumliche Zentrum der Ehe, in ihr führen die Ehegatten ihren gemeinsamen Hausstand.

Zur Ehewohnung gehören somit auch Nebenräume, die sowohl Sport- und Hobbyräume umfassen können, als auch Keller, Garage oder ein gegebenenfalls zugehöriger Garten. Selbst wenn die Eheleute Zweitwohnungen haben, die sie regelmäßig gemeinsam nutzen, können diese in Ausnahmefällen ebenfalls dem Begriff der „Ehewohnung"[14] unterfallen.

Der Begriff der Ehewohnung, wie er in § 1 HausratsVO benutzt und verstanden wird, wird auch für die Norm des § 1361b BGB, der die Ehewohnung in der Zeit des Getrenntlebens regelt, herangezogen. Zuweisungsverfahren nach der Hausratsverordnung finden dagegen erst für die Zeit nach Rechtskraft der Ehescheidung Anwendung.

Die Eheleute haben daher lediglich die Möglichkeit, während der Trennung eine Regelung über die Nutzungsrechte an der Ehewohnung zu erwirken. Dieses Recht steht Paaren, die in einer nichtehelichen Lebensgemeinschaft leben, gerade nicht zu, weil sich die Regelungen über die familienrechtlichen Verpflichtungen nach der Hausratsverordnung auf diese nicht anwenden lassen.

---

[14] Keine Ehewohnung ist jedoch ein Kleingarten nebst Laube. Hintergrund hierfür ist die Überlegung der Gerichte, dass der Pachtvertrag über ein Grundstück zur gärtnerischen Nutzung gerade nicht zu den Rechtsgeschäften der Eheleute gehört. Es handelt sich dabei eher um ein zusätzliches Engagement. Anders sieht dies selbstverständlich aus, wenn der Kleingarten abweichend eigentlich von der zulässigen Nutzung als alleinige Wohnung genutzt wird.

Regelungsmöglichkeiten nach dem Gewaltschutzgesetz

Die Paare, die in nichtehelicher Lebensgemeinschaft leben und somit gerade nicht den Regelungsmöglichkeiten nach der Hausratsverordnung oder dem Familienrecht unterfallen, sind jedoch nicht gänzlich schutzlos gestellt.

Sollte es im Rahmen einer nichtehelichen Lebensgemeinschaft nämlich zu gewalttätigen Übergriffen kommen, findet wie bei Ehepaaren oder eingetragenen Lebenspartnerschaften das Gewaltschutzgesetz Anwendung, welches auch Paaren in nichtehelicher Lebensgemeinschaft die Möglichkeit gibt, die Überlassung der Wohnung unter Ausschluss des anderen zu beantragen.

Die Voraussetzungen hierfür sind jedoch hoch, da das Gewaltschutzgesetz an eine vorsätzliche und widerrechtliche Verletzung des Körpers, der Gesundheit oder der Freiheit des Opfers anknüpft, oder mindestens deren nachvollziehbare Androhung voraussetzt. Dies ergibt sich aus den Anforderungen des nachfolgenden Gesetzestextes:

§ 2 GewSchG Überlassung einer gemeinsam genutzten Wohnung

(1) Hat die verletzte Person zum Zeitpunkt einer Tat nach § 1 Abs. 1 Satz 1, auch in Verbindung mit Abs. 3, mit dem Täter einen auf Dauer angelegten gemeinsamen Haushalt geführt, so kann sie von diesem verlangen, ihr die gemeinsam genutzte Wohnung zur alleinigen Benutzung zu überlassen.

(2) Die Dauer der Überlassung der Wohnung ist zu befristen, wenn der verletzten Person mit dem Täter das Eigentum, das Erbbaurecht oder der Nießbrauch an dem Grundstück, auf dem sich die Wohnung befindet, zusteht oder die verletzte Person mit dem Täter die Wohnung gemietet hat. Steht dem Täter allein oder gemeinsam mit einem Dritten das Eigentum, das Erbbaurecht oder der Nießbrauch an dem Grundstück zu, auf dem sich die Wohnung befindet, oder hat er die Wohnung allein oder gemeinsam mit einem Dritten gemietet, so hat das Gericht die Wohnungsüberlassung an die verletzte Person auf die Dauer von höchstens sechs Monaten zu befristen. Konnte die verletzte Person innerhalb der vom Gericht nach Satz 2 bestimmten Frist anderen angemessenen Wohnraum zu zumutbaren Bedingungen nicht beschaffen, so kann das Gericht die Frist um höchstens weitere sechs Monate verlängern, es sei denn, überwiegende Belange des Täters oder des Dritten stehen entgegen. Die Sätze 1 bis 3 gelten entsprechend für das Wohnungseigentum, das Dauerwohnrecht und das dingliche Wohnrecht.

(3) Der Anspruch nach Absatz 1 ist ausgeschlossen,

1. wenn weitere Verletzungen nicht zu besorgen sind, es sei denn, dass der verletzten Person das weitere Zusammenleben mit dem Täter wegen der Schwere der Tat nicht zuzumuten ist oder

2. wenn die verletzte Person nicht innerhalb von drei Monaten nach der Tat die Überlassung der Wohnung schriftlich vom Täter verlangt oder

3. soweit der Überlassung der Wohnung an die verletzte Person besonders schwerwiegende Belange des Täters entgegenstehen.

(4) Ist der verletzten Person die Wohnung zur Benutzung überlassen worden, so hat der Täter alles zu unterlassen, was geeignet ist, die Ausübung dieses Nutzungsrechts zu erschweren oder zu vereiteln.

(5) Der Täter kann von der verletzten Person eine Vergütung für die Nutzung verlangen, soweit dies der Billigkeit entspricht.

(6) Hat die bedrohte Person zum Zeitpunkt einer Drohung nach § 1 Abs. 2 Satz 1 Nr. 1, auch in Verbindung mit Abs. 3, einen auf Dauer angelegten gemeinsamen Haushalt mit dem Täter geführt, kann sie die Überlassung der gemeinsam genutzten Wohnung verlangen, wenn dies erforderlich ist, um eine unbillige Härte zu vermeiden. Eine unbillige Härte kann auch dann gegeben sein, wenn das Wohl von im Haushalt lebenden Kindern beeinträchtigt ist. Im Übrigen gelten die Absätze 2 bis 5 entsprechend.

Nachfolgend sollen kurz die jeweiligen Anspruchsvoraussetzungen skizziert werden.

Was ist Gewalt im Sinne des Gewaltschutzgesetzes?

Gewalt, ob nun vollendet oder angedroht, ist eine Gefährdung für das Leben, den Körper, die Gesundheit oder die Freiheit der mit dem Täter in der Haushaltsgemeinschaft lebenden Personen.

Wichtig ist hierbei, dass die Drohung allein ausreicht. Die Ursachen, die zu dieser Handlung oder Androhung führten, sind in der Regel nicht relevant.

Beispiel:

Herr Müller und Frau Meier leben zusammen in einer Dreizimmerwohnung mit ihrem gemeinsamen Sohn Ben. Herr Müller vermutet, dass seine Lebensgefährtin ihn betrügt, und lauert ihr eines Tages auf. Tatsächlich überrascht er Frau Meier „in flagranti", er konfrontiert sie abends im Laufe eines Gesprächs mit dem Vorwurf. Frau Meier gibt alles zu, wonach Herr Müller wutentbrannt ein Küchenmesser ergreift und damit versucht, auf Frau Meier einzustechen. Nur mit Mühe kann Frau Meier diesen Übergriffen entgehen; als sie die Polizei ruft, verlässt Herr Müller wutentbrannt die Wohnung mit den Worten: „Ich komme wieder!"

In diesem Fall besteht die besondere Problematik darin, dass das Paar nicht miteinander verheiratet ist, Frau Meier somit keine Zuweisung der Ehewohnung über die familienrechtlichen Regelungen begehren kann.

Sie kann jedoch einen Antrag nach dem Gewaltschutzgesetz stellen. Herr Müller hat ihr nämlich nicht nur damit gedroht, wiederzukommen, sondern er ist auch mit dem Messer auf sie losgegangen. Hierin ist ein Angriff auf die körperliche Unversehrtheit zu sehen. Der Umstand, dass Frau Meiers Fremdgehen hierfür vielleicht der Grund war, führt nicht zu einer „Berechtigung" ihres Lebensgefährten, sie mit dem Messer anzugreifen. Da Frau Meier Herrn Müller kennt und weiß, dass dieser zu cholerischen Übergriffen neigt, kann sie nunmehr beantragen, dass aus Schutzgründen für sie selbst und auch den gemeinsamen Sohn Ben ihr das alleinige Nutzungsrecht an der Wohnung zugewiesen wird.

Wann ist ein Anspruch nach dem Gewaltschutzgesetz ausgeschlossen?

Nach dem Gewaltschutzgesetz kann jede natürliche Person, d. h. jeder Mensch, als Opfer von Gewalt oder bereits nach deren nachvollziehbarer Androhung gerichtliche Schutzmaßnahmen erwirken.

Wie vorstehend dargestellt, kommt es dabei nicht nur auf die konkrete Verletzung an, sondern bereits die Drohung mit einer Verletzung des eigenen Lebens, Körpers, Gesundheit oder der Freiheit bzw. von nahen Angehörigen reicht für die Antragstellung aus.

Dies umfasst auch das Eindringen in die Wohnung oder unzumutbare Belästigungen, wie beispielsweise das „Nachstellen oder Verfolgen unter Verwendung von Fernmeldekommunikationsmitteln gemäß § 1 Abs. 2d Gewaltschutzgesetz".

Dennoch kann ein Anspruch nach dem Gewaltschutzgesetz in besonderen Fällen ausgeschlossen sein. Wegen des Eingriffscharakters der Anordnungen nach dem Gewaltschutzgesetz gibt es in § 2 Abs. 3 GewSchG drei Fallgestaltungen, bei denen eine Anordnung der Wohnungsüberlassung ausgeschlossen ist:

- Fehlende Wiederholungsgefahr
- Überschreitung der dreimonatigen Antragsfrist
- Entgegenstehende, schwerwiegende Belange des Täters

Die Wiederholungsgefahr

§ 2 Abs. 3 Nr. 1 GewSchG erfordert eine Wiederholungsgefahr. Fehlt diese, weil der Täter beispielsweise darstellen konnte, dass es zu weiteren Übergriffen nicht kommen wird und der Übergriff auf einem einmaligen Kontrollverlust beruhte, ist ein Anspruch nach dem GewSchG ausgeschlossen.

Wichtig: Manchmal kann es jedoch auch ausreichen, wenn nur einmalig ein Übergriff erfolgte. Sollte das Opfer nämlich massiv angegriffen worden sein, beispielsweise beim Versuch, dieses zu töten, kann nicht erwartet werden, dass das Opfer sich ein zweites Mal einer solchen Gefährdung aussetzt.

Praxis-Tipp:

In jedem Fall sollte das Opfer eines Vorfalls im Zusammenhang mit häuslicher Gewalt unmittelbar danach einen Arzt seines Vertrauens informieren oder in die Notaufnahme eines Krankenhauses gehen. Verletzungen sollten immer fotografisch dokumentiert werden, selbst wenn zunächst noch offen ist, ob weitere Schritte, beispielsweise bei der Polizei oder bei Gericht, eingeleitet werden sollen.

Antragsfrist nach § 2 Abs. 3 Nr. 2 GewSchG

Selbst wenn nicht unmittelbar nach der Tat reagiert wird, sieht das Gesetz eine Frist von drei Monaten nach der Tat vor, binnen derer der Anspruch auf Überlassung der Wohnung zur alleinigen Nutzung geltend gemacht werden muss.

Auch aus diesem Grund ist es erforderlich, jegliche Verletzungshandlung bestmöglich zu dokumentieren, selbst wenn noch nicht sicher ist, ob hieraus überhaupt ein Überlassungsanspruch hergeleitet werden soll.

Ausnahmen nach § 2 Abs. 3 Nr. 3 GewSchG

Es kann ausnahmsweise sein, dass eine gerichtliche Zuweisung der Wohnung nicht möglich ist, selbst wenn es zu Gewaltandrohungen oder gewalttätigen Übergriffen kam, weil der Täter einen besonderen Härtegrund geltend machen kann.

Besonders schwerwiegende Belange des Täters können dabei sein, dass dieser aufgrund einer massiven Erkrankung, wie beispielsweise einer Behinderung oder sonstiger dringender Erforderlichkeit, auf die Wohnung angewiesen ist. Angesichts des Schutzbereichs und des Bedürfnisses des Opfers, vor weiteren Zu- und Übergriffen geschützt zu werden, müssen die Belange des Täters jedoch außerordentlich speziell sein, damit ein Fall des § 2 Abs. 3 Nr. 3 GewSchG vorliegt. In diesem Fall kann es auch sein, dass dem Täter zugemutet wird, nur vorübergehend der Wohnung fernzubleiben, damit das Opfer gegebenenfalls nach einer geeigneten Ersatzwohnung Ausschau halten kann.

Was ist die Folge einer Anordnung nach dem Gewaltschutzgesetz?

Typischerweise enthält die Anordnung nach dem Gewaltschutzgesetz nicht nur die Zuweisung der vormals gemeinsam genutzten Wohnung an einen der beiden, sondern auch ein Verbot, sich im Umkreis der Wohnung des Opfers aufzuhalten, Kontakt mit diesem aufzunehmen und in besonderen Fällen auch ein Verbot, sich den Orten zu nähern, an denen sich das Opfer regelmäßig aufhält (beispielsweise Arbeitsplatz, Schule etc.).

Der Verstoß gegen diese Anordnung stellt eine Straftat dar, die gemäß § 4 GewSchG mit Freiheitsstrafe bis zu einem Jahr oder Geldstrafe geahndet wird.

Dauer der Anordnung

Hinsichtlich der Dauer der Anordnung unterscheidet das Gewaltschutzgesetz, je nachdem, ob im Außenverhältnis zum Vermieter nur einer oder beide Parteien (Ehegatten, Lebenspartner oder nichteheliche Lebensgefährten) Vertragspartner des Mietvertrages sind.

Beide sind Mieter: Sofern beiden Lebensgefährten die Wohnung mietrechtlich gemeinsam zusteht, muss die Entscheidung gemäß § 2 Abs. 2 Satz 1 GewSchG befristet werden. Eine endgültige Zuweisung im Rahmen des Gewaltschutzgesetzes sieht dieses nicht vor, sofern beide Mieter sind. Es kann jedoch für die Zeit der gegebenenfalls verbleibenden Kündigungsfrist die Wohnung einem der Lebensgefährten allein zur Nutzung zugewiesen werden.

Nur einer ist Mieter: Sofern nur einer von beiden Lebensgefährten Mieter der Wohnung ist, und in dem zu entscheidenden Fall das Opfer alleiniger Mieter ist, kann eine Anordnung auch gemäß § 2 GewSchG eine unbefristete Überlassungsanordnung enthalten. Da der Täter in dieser Fallkonstellation keine eigenständigen Rechte aus dem Mietvertrag herleiten kann, erscheint dies logisch und nachvollziehbar. Er ist insoweit nicht schutzbedürftig.

Der Täter ist alleiniger Mieter: Problematisch wird eine Regelung jedoch sicherlich in den Fällen, in denen der Täter alleiniger Mieter und damit aus dem Mietvertrag selbständig besitzberechtigt ist. In diesem Fall sieht das Gesetz in § 2 Abs. 2 Satz 1 GewSchG vor, dass die Überlassungsanordnung auf sechs Monate zu befristen ist.

Maximaldauer: Eine über sechs Monate hinausgehende Dauer der alleinigen Überlassung der ehemals gemeinsamen Wohnung an den Lebensgefährten, der nicht durch den Mietvertrag berechtigt ist, sieht das Gesetz grundsätzlich nicht vor. Der Gesetzgeber ging davon aus, dass im Allgemeinen ein Zeitraum von sechs Monaten ausreichen sollte, eine geeignete Ersatzwohnung zu finden, in die das Opfer dann einziehen kann.

Ausnahme: In seltenen Fällen kann gemäß § 2 Abs. 2 Satz 3 GewSchG diese Frist unter besonderen Umständen um einmalig weitere sechs Monate verlängert werden.

Dies kann insbesondere in den Fällen gegeben sein, in denen es dem Opfer aus nachvollziehbaren und dargelegten Gründen nicht gelungen ist, binnen der vorgenannten ersten Sechsmonatsfrist eine Ersatzwohnung zu finden, z. B. aufgrund eines verletzungsbedingten Krankenhausaufenthalts oder einer anderen tatsächlichen Verhinderung.

Hier ist eine besondere Abwägung beider Interessen bereits gesetzlich vorgeschrieben.

Nutzungsvergütung: Für den Fall, dass der Täter allein aus dem Mietvertrag zur Zahlung der Miete verpflichtet ist, kann es auch geboten sein, gemäß § 2 Abs. 5 GewSchG das Opfer dazu anzuhalten, an den Täter eine Nutzungsvergütung zu entrichten.

Sollte das Opfer jedoch unterhaltsberechtigt sein, wird eine solche Nutzungsvergütung in der Regel nicht festgesetzt werden, oder es muss im Rahmen der Unterhaltsermittlung festgelegt werden, in welchem Umfang die Wohnungsüberlassung unterhaltsrechtlich zu würdigen ist.

Wichtig: Nichteheliche Lebensgefährten sind einander nicht zum Unterhalt verpflichtet. Ausnahmsweise sieht das Gesetz gemäß § 1615 Abs. 1 BGB jedoch einen Unterhaltsanspruch der Mutter oder des Vaters für den Fall vor, dass diese(r) einer Erwerbstätigkeit nicht nachgehen kann, weil wegen der Pflege oder der Erziehung des gemeinsamen Kindes eine Erwerbstätigkeit nicht erwartet werden kann.

Derzeit ist diese Unterhaltspflicht noch beschränkt auf einen Drei-Jahres-Zeitraum. Das voraussichtlich zum 01.07.2007 in Kraft tretende Unterhaltsreformgesetz wird diese Befristung jedoch aufheben.

Welches Gericht ist zuständig?

Für Anordnungen nach dem Gewaltschutzgesetz zur alleinigen Überlassung der ehemals gemeinsamen Wohnung ist entsprechend der Regelung in § 23b Abs. 1 Nr. 8a GVG das Amtsgericht,

Abteilung für Familiensachen, sachlich zuständig. Die örtliche Zuständigkeit richtet sich nach dem Wohnsitz der Beteiligten.

Voraussetzung für die Zuständigkeit des Familiengerichts ist ein auf Dauer angelegter gemeinsamer Haushalt, den die Beteiligten führen oder bis sechs Monate vor der Antragstellung geführt haben.

Dieses Kriterium gilt daher gleichermaßen für Eheleute, eingetragene Lebenspartner oder nichteheliche Lebensgefährten.

Zuweisung der gemeinsamen Wohnung für Ehegatten und Lebenspartner im Zeitraum der Trennung

Zunächst ist auch hier der Begriff und Umfang der Ehewohnung, der trotz des Begriffs „Ehe" auch auf Lebenspartnerschaften Anwendung findet[15], entsprechend den Ausführungen im Abschnitt „Was ist die Ehewohnung?" zu prüfen.

Für den Zeitraum der Trennung der Ehegatten oder Lebenspartner bis zu einer endgültigen Regelung nach der Hausratsverordnung kann einer von beiden die Überlassung der vormaligen Ehewohnung zur alleinigen vollständigen Nutzung oder zur alleinigen Nutzung von Teilen der Ehewohnung beanspruchen. Für die Dauer des Getrenntlebens gilt dieser Anspruch gemäß § 1361b BGB nur als vorläufige Regelung.

Neben den vorstehenden Ausführungen nach dem Gewaltschutzgesetz, dessen Antragsmöglichkeiten selbstverständlich auch für Eheleute und Lebenspartner möglich sind, kommt für die beiden letztgenannten eben auch noch die Zuweisung der Ehewohnung in anderen als den Fällen in Betracht, in denen Gewalt eine Rolle spielt. Diese Verfahren sind keine Schutzverfahren, sondern vorläufige Regelungen, die in der Regel jedoch nicht zum Gegenstand haben, einen der Ehegatten oder Lebenspartner vor dem anderen zu schützen. Hintergrund für einen Antrag nach § 1361b BGB ist vielmehr, dass die Parteien außerstande sind, eine einvernehmliche Regelung für die Nutzung der gemeinsamen Ehewohnung selbst zu finden.

---

[15] § 18 Abs. 3 LPartG verwendet insoweit selbst den Begriff Ehewohnung und verweist für die Zeit nach Aufhebung der Lebenspartnerschaft auf §§ 3–7 der HausratsVO.

Sollte ein solcher Schutz auch zwischen den Ehegatten oder den Lebenspartnern erforderlich sein, können diese selbstverständlich ebenfalls einen Antrag nach § 2 GewSchG stellen.

Praxis-Tipp:

Eheleute oder Lebenspartner, die während der bestehenden Ehe oder eingetragenen Lebenspartnerschaft, also noch vor der Ehescheidung, einen Antrag nach dem Gewaltschutzgesetz stellen wollen, müssen sich an das für sie zuständige Familiengericht wenden.

Nichteheliche Lebensgemeinschaften, die in den letzten sechs Monaten keinen auf Dauer angelegten gemeinsamen Haushalt geführt haben, stellen den Antrag beim örtlich zuständigen Zivilgericht, welches in der Regel das Gericht sein wird, welches für die Anschrift zuständig ist, in der sich die betreffende Wohnung befindet.

Die Norm für die Zuweisung der Ehewohnung in der Zeit der Trennung lautet wie folgt:

§ 1361b BGB Ehewohnung bei Getrenntleben

(1) Leben die Ehegatten voneinander getrennt oder will einer von ihnen getrennt leben, so kann ein Ehegatte verlangen, dass ihm der andere die Ehewohnung oder einen Teil zur alleinigen Benutzung überlässt, soweit dies auch unter Berücksichtigung der Belange des anderen Ehegatten notwendig ist, um eine unbillige Härte zu vermeiden. Eine unbillige Härte kann auch dann gegeben sein, wenn das Wohl von im Haushalt lebenden Kindern beeinträchtigt ist. Steht einem Ehegatten allein oder gemeinsam mit einem Dritten das Eigentum, das Erbbaurecht oder der Nießbrauch an dem Grundstück zu, auf dem sich die Ehewohnung befindet, so ist dies besonders zu berücksichtigen; Entsprechendes gilt für das Wohnungseigentum, das Dauerwohnrecht und das dingliche Wohnrecht.

(2) Hat der Ehegatte, gegen den sich der Antrag richtet, den anderen Ehegatten widerrechtlich und vorsätzlich am Körper, der Gesundheit oder der Freiheit verletzt oder mit einer solchen Verletzung oder der Verletzung des Lebens widerrechtlich gedroht, ist in der Regel die gesamte Wohnung zur alleinigen Benutzung zu überlassen. Der Anspruch auf Wohnungsüberlassung ist nur dann ausgeschlossen, wenn keine weiteren Verletzungen und widerrechtlichen Drohungen zu besorgen

sind, es sei denn, dass dem verletzten Ehegatten das weitere Zusammenleben mit dem anderen wegen der Schwere der Tat nicht zuzumuten ist.

(3) Wurde einem Ehegatten die Ehewohnung ganz oder zum Teil überlassen, so hat der andere alles zu unterlassen, was geeignet ist, die Ausübung dieses Nutzungsrechts zu erschweren oder zu vereiteln. Er kann von dem nutzungsberechtigten Ehegatten eine Vergütung für die Nutzung verlangen, soweit dies der Billigkeit entspricht.

(4) Ist nach der Trennung der Ehegatten im Sinne des § 1567 Abs. 1 ein Ehegatte aus der Ehewohnung ausgezogen und hat er binnen sechs Monaten nach seinem Auszug eine ernstliche Rückkehrabsicht dem anderen Ehegatten gegenüber nicht bekundet, so wird unwiderleglich vermutet, dass er dem in der Ehewohnung verbliebenen Ehegatten das alleinige Nutzungsrecht überlassen hat.

Wenn sich die Ehegatten oder Lebenspartner getrennt haben oder trennen wollen, kann einer von beiden nach der vorstehenden Regelung beim Familiengericht beantragen, dass ihm die Ehewohnung allein oder zur gemeinsamen Nutzung mit dem anderen zugewiesen wird.

Wichtig: Auf die Dauer der Ehe oder Lebenspartnerschaft kommt es bei der Entscheidung über die Ehewohnungszuweisung nicht an. § 14 LPartG enthält die korrespondierende Regelung für die Lebenspartnerschaften, die insoweit eigenständig ist, sich jedoch an dem vorstehenden § 1361b BGB orientiert.

§ 14 LPartG Wohnungszuweisung bei Getrenntleben

(1) Leben die Lebenspartner voneinander getrennt oder will einer von ihnen getrennt leben, so kann ein Lebenspartner verlangen, dass ihm der andere die gemeinsame Wohnung oder einen Teil zur alleinigen Benutzung überlässt, soweit dies auch unter Berücksichtigung der Belange des anderen Lebenspartners notwendig ist, um eine unbillige Härte zu vermeiden. Eine unbillige Härte kann auch dann gegeben sein, wenn das Wohl von im Haushalt lebenden Kindern beeinträchtigt ist. Steht einem Lebenspartner allein oder gemeinsam mit einem Dritten das Eigentum, das Erbbaurecht oder der Nießbrauch an dem Grundstück zu, auf dem sich die gemeinsame Wohnung befindet, so ist dies besonders zu berücksichtigen; Entsprechendes gilt für das Wohnungseigentum, das Dauerwohnrecht und das dingliche Wohnrecht.

(2) Hat der Lebenspartner, gegen den sich der Antrag richtet, den anderen Lebenspartner widerrechtlich und vorsätzlich am Körper, der Gesundheit oder der Freiheit verletzt oder mit einer solchen Verletzung

oder der Verletzung des Lebens widerrechtlich gedroht, ist in der Regel die gesamte Wohnung zur alleinigen Benutzung zu überlassen. Der Anspruch auf Wohnungsüberlassung ist nur dann ausgeschlossen, wenn keine weiteren Verletzungen und widerrechtlichen Drohungen zu besorgen sind, es sei denn, dass dem verletzten Lebenspartner das weitere Zusammenleben mit dem anderen wegen der Schwere der Tat nicht zuzumuten ist.

(3) Wurde einem Lebenspartner die gemeinsame Wohnung ganz oder zum Teil überlassen, so hat der andere alles zu unterlassen, was geeignet ist, die Ausübung dieses Nutzungsrechts zu erschweren oder zu vereiteln. Er kann von dem nutzungsberechtigten Lebenspartner eine Vergütung für die Nutzung verlangen, soweit dies der Billigkeit entspricht.

(4) Ist ein Lebenspartner aus der gemeinsamen Wohnung ausgezogen, um getrennt zu leben und hat er binnen sechs Monaten nach seinem Auszug eine ernstliche Rückkehrabsicht dem anderen Lebenspartner gegenüber nicht bekundet, so wird unwiderleglich vermutet, dass er dem in der gemeinsamen Wohnung verbliebenen Lebenspartner das alleinige Nutzungsrecht überlassen hat.

Voraussetzung der Zuweisung der Ehewohnung ist, dass eine ernsthafte Absicht der Trennung zwischen den Eheleuten oder Lebenspartnern gegeben ist. Eine vorübergehende Trennung „auf Probe" rechtfertigt nicht die Zuweisung der Ehewohnung, da das Familiengericht nur dann entscheidet, wenn eine tatsächliche Trennung der Eheleute oder Lebenspartner vorliegt.

Scheidungsabsicht

Eine Scheidungsabsicht oder die Absicht zur Aufhebung der Lebenspartnerschaft ist nicht erforderlich. Es reicht aus, wenn beide Parteien nicht mehr miteinander im Sinne einer ehelichen oder lebenspartnerschaftlichen Lebensgemeinschaft zusammenleben wollen.

Der Begriff der unbilligen Härte

Wegen des mit Wirkung zum 01.01.2002 in Kraft getretenen Gewaltschutzgesetzes werden die Anforderungen für die Zuweisung der Ehewohnung nicht länger an dem Erfordernis der schweren Härte, sondern nur noch an dem Erfordernis der unbilligen Härte angeknüpft.

Wichtig: Ein Fall der „unbilligen" Härte wurde bereits durch den Gesetzgeber vorgegeben: Gemäß § 1361b Abs. 1 Satz 2 BGB liegt eine unbillige Härte dann vor, wenn das Wohl im Haushalt lebender Kinder beeinträchtigt ist. Dabei kommt es auf ein Verschulden der weichenden Person grundsätzlich nicht an.

An das Maß einer unbilligen Härte für das Kindeswohl dürfen keine zu hohen Anforderungen gestellt werden. Sobald Eltern derart massiv streiten, dass Kinder diese Konflikte spüren, darf diesen Kindern nicht zugemutet werden, zu warten, bis sie Zeuge von Misshandlungen oder Gewalttätigkeit zwischen den Eltern oder selbst zum Opfer solcher Taten werden.

Wesentliches Kriterium ist daher für den beurteilenden Familienrichter, ob für die Kinder noch ein erträgliches Verbleiben in der Wohnung mit beiden Parteien möglich ist. Sobald das Gericht zur Auffassung gelangt, dass das Verbleiben des Kindes/der Kinder mit nur einem Elternteil in der Wohnung für das Kindeswohl förderlich wäre, wird es die Ehewohnung sodann dem die Kinder betreuenden Elternteil zuweisen.

Andere Fälle der „unbilligen Härte"

Selbstverständlich können sich nicht nur Eheleute oder Lebenspartner mit Kindern eine Ehewohnung zuweisen lassen. Wie schon beim Gewaltschutzverfahren ist es dabei unerheblich, welche Motive und Gründe für die Trennung entscheidend waren.

Sofern jedoch keine Kinder mit in der Wohnung leben, ist es von maßgeblicher Bedeutung für das Familiengericht, welcher der beiden Ehegatten oder Partner durch sein Verhalten das Zusammenleben beider in der Wohnung unerträglich gestaltet.

Beispiel:

Die Eheleute Schmidt sind seit drei Jahren verheiratet. Herr Schmidt hat am Arbeitsplatz ein Verhältnis mit seiner Sekretärin Ilse P. begonnen. Die Beziehung hat sich intensiviert, er beschließt, sich von seiner Ehefrau zu trennen. Nachdem er seiner Ehefrau offenbart hat, dass er aufgrund seiner intensiven Beziehung zu Frau P. aus der Ehe ausbrechen möchte, beginnt seine Ehefrau, ihm das Zusammenleben zu erschweren. Herr Schmidt bittet seine Ehefrau, aus der Wohnung auszuziehen, da er beabsichtigt, in diese mit Frau P. einzuziehen. Darauf erklärt ihm seine Ehefrau, dass sie die Wohnung niemals verlassen würde und er diese nur „über ihre Leiche" bekäme. Parallel hierzu beginnt sie jedoch kontinuierlich persönliche Gegenstände ihres Ehemannes zu zerstören oder zu entsorgen. So verschwinden Stück für Stück persönliche Erinnerungsstücke des Ehemannes im Mülleimer, in seinen Anzügen finden sich Schnitte.

Da Herr Schmidt sehr an der Wohnung hängt und diese nicht aufgeben möchte, gleichzeitig jedoch eine weitere gemeinsame Nutzung dieser Wohnung zusammen mit seiner Ehefrau für ihn eine zunehmende Gefahr für seine persönlichen Wertgegenstände bedeutet, stellt er einen Antrag beim Familiengericht.

Er wird nun begehren, dass ihm die vormalige Ehewohnung zur alleinigen Nutzung zugewiesen wird.

Das Familiengericht muss die Interessen beider Eheleute an der Wohnung prüfen. Herrn Schmidts Arbeitsplatz liegt um einiges näher an der Wohnung als der seiner Ehefrau. Diese pendelt ohnehin täglich zur 15 Kilometer entfernt gelegenen Arbeitsstätte. Darüber hinaus kommt das Verhalten der Ehefrau sicherlich dem Ehemann zugute: Sie beschädigt das persönliche Eigentum Ihres Ehemannes und hat zudem noch begonnen, über laute Lärm- und Musikbelästigung dessen Ruhemöglichkeiten zu verhindern. Dazu hat sie ihn wiederholt aufgefordert, „bei seiner Geliebten zu schlafen".

Ein solches Verhalten über einen längeren Zeitraum hinweg führt dazu, dass dem anderen Ehegatten, der sich hier aus der Ehe lösen möchte, nicht zugemutet werden kann, mit seiner Ehefrau weiterhin zusammenzuleben. Da die Ehefrau sich jedoch weigert, die Wohnung „freiwillig zu verlassen", muss das Familiengericht nun entscheiden.

Wichtige Gerichtsentscheidung:

OLG Naumburg, Beschluss vom 27.07.2005, 3 UF 108/05

Die Alleinzuweisung der Ehewohnung ist nur zulässig, um eine unbillige Härte zu vermeiden. Das bedeutet nach der Vorstellung des Gesetzgebers zwar eine bewusst hohe, über bloße Unbequemlichkeiten und Billigkeitsabwägungen hinausgehende Eintrittsschwelle für ein gerichtliches Eingreifen. Andererseits ist der Anwendungsbereich nicht auf Sachverhalte unmittelbarer Gefahr für Leib und Leben des betroffenen Ehegatten beschränkt. Es genügen vielmehr außergewöhnliche Umstände, die auch unter Berücksichtigung des anderen Ehegatten dessen Verbleiben in der Ehewohnung für den betroffenen Ehegatten zur unerträglichen Belastung machen. Dazu zählt insbesondere grob rücksichtsloses Verhalten des anderen Ehegatten.

Trotzdem eine gemeinsame Nutzung?

Gerade in heutigen Zeiten ist es den Eheleuten oder Lebenspartnern häufig wirtschaftlich unmöglich, zwei Wohnungen zu finanzieren, d. h. eine weitere Wohnung anzumieten. In diesem Fall kann das Familiengericht davon absehen, einer Partei allein die gesamte Nutzung der Ehewohnung zuzuweisen.

Sofern eine sinnvolle Aufteilung möglich ist, kann das Familiengericht dann auch einzelne Räume der alleinigen Nutzung den jeweiligen Parteien zuweisen und die Regelung gemeinsamer Räume, wie Bad und Küche, vornehmen.

Eine solche Regelung setzt jedoch zwingend voraus, dass zwischen den Parteien noch ein Rest vernünftigen Verhaltens besteht und beide Ehegatten Verständnis für die Regelung des Familiengerichts aufbringen.

Wichtig: Auch wenn im Hinblick auf die vorstehenden Ausführungen ein Antrag an das Familiengericht auf Zuweisung der vormaligen Ehewohnung ein wichtiges Mittel bei der Trennung zwischen Ehegatten und Lebenspartnern sein kann, muss doch besonderer Augenmerk darauf gelenkt werden, dass der Begriff der „unbilligen

Härte" und die erforderliche Abwägung der Interessen beider Parteien nicht schon in den Fällen greift, in denen es sich in der Regel um übliche Auseinandersetzungen in der Trennungszeit handelt.

Andere Möglichkeiten der Regelungen nach § 1361b BGB

Es gibt auch Fälle, in denen einer der Ehegatten oder Lebenspartner beschließt, „die Trennung zu vollziehen", indem er schlicht das Schloss an der Tür zur Ehewohnung auswechselt. Er hindert dadurch den anderen am Zutritt zu der vormals gemeinsamen Ehewohnung, so dass der andere unter Inanspruchnahme des Familiengerichts die Wiedereinräumung des gemeinsamen Besitzes an der Wohnung zum Zwecke des Getrenntlebens innerhalb der Wohnung verlangen kann.

Anderenfalls müsste der Ausgesperrte ebenfalls das Schloss auswechseln und würde riskieren, nach seiner nächsten Abwesenheit von der Wohnung wiederum ein ausgewechseltes Schloss vorzufinden. Hier muss die Nutzung der Wohnung ebenfalls gerichtlich geklärt werden.

Beispiel:

Herr Müller und Herr Meier sind am 01.03.2005 die Lebenspartnerschaft miteinander eingegangen. Herr Meier möchte sich nunmehr trennen. Er will der direkten Konfrontation mit seinem Lebenspartner aus dem Weg gehen und schafft schlicht vollendete Tatsachen. Er wechselt das Schloss an der Wohnungstür aus und Herr Müller kann die Wohnung nicht mehr betreten. Gleichzeitig schickt er ihm eine SMS mit dem Wortlaut: „Ich will nunmehr getrennt von Dir leben, in diese Wohnung kommst Du nicht mehr."

Herr Müller wendet sich daraufhin an das Familiengericht. Das Gericht wird Herrn Meier im Rahmen eines Beschlusses dazu veranlassen, zu gewährleisten, dass auch Herr Müller weiterhin die gemeinsame Wohnung nutzen kann.

Die Voraussetzung für einen Antrag nach § 1361b BGB an das Familiengericht hat Herr Meier nämlich durch seine SMS mit den Worten „Ich will getrennt leben" geschaffen.

Das Gesetz sieht nicht vor, dass einer der Ehegatten oder Lebens-partner die Trennung einseitig durch Ausschluss des anderen aus der Ehewohnung vollziehen kann. Deswegen wird das Familien-gericht hier die Wiedereinräumung des Wohnrechts anordnen. Es ist sogar davon auszugehen, dass bei einer wiederholten Aus-wechslung des Wohnungsschlosses durch Herrn Meier, trotz Vor-lage des Beschlusses über die gemeinsame Nutzung, Herrn Müller am Ende das alleinige Nutzungsrecht an der Wohnung zugewie-sen wird.

Inhalt der Regelungen nach § 1361b BGB oder § 14 LPartG

§ 1361b BGB und der entsprechende § 14 LPartG sehen nicht nur gerichtliche Regelungen hinsichtlich der Benutzung der Ehewoh-nung vor. Welche anderen Regelungsinhalte die vorgenannten Normen kennen, wird nachfolgend erläutert.

Nutzungsentschädigung: Wie bereits ausgeführt, sind die Rege-lungen während der Dauer des Getrenntlebens nur von vorläufi-ger Natur. Erst mit der Scheidung werden die endgültigen Nut-zungsverhältnisse geregelt. Dies gilt entsprechend für Lebenspart-nerschaften im Rahmen der Aufhebung der Lebenspartnerschaft. Neben der vorläufigen teilweisen oder vollständigen alleinigen Nutzungszuweisung kann das Familiengericht auch eine Nut-zungsentschädigung gemäß § 1361b Abs. 3 Satz 2 BGB festlegen.

Dabei darf eine solche Nutzungsentschädigung nur dann festge-setzt werden, wenn sie vernünftig und angemessen ist sowie Billigkeitsgesichtspunkten entspricht. Auch hier sind wieder sämt-liche Gesamtumstände des Falles zu berücksichtigen, beispiels-weise, ob der in der Wohnung verbleibende Ehegatte oder Le-benspartner vom anderen Unterhalt erhält. Außerdem ist zu be-rücksichtigen, wer nach mietrechtlichen Gesichtspunkten dem Vermieter die Miete schuldet.

Sollte das Familiengericht zu der Auffassung gelangen, dass die in der Wohnung verbleibende Partei eine Nutzungsentschädigung schuldet, wird sie deren Höhe grundsätzlich nach freiem Ermessen, meist jedoch aufgrund der ortsüblichen Miete und der finanziellen Verhältnisse der Parteien, festsetzen.

Schutzanordnung gemäß § 1361b Abs. 2 Satz 1 BGB: Neben den vorstehenden Regelungen kann das Familiengericht auch Regelungen treffen, die denen des Gewaltschutzgesetzes entsprechen. Dabei kommen unterschiedliche Schutzanordnungen in Betracht, beispielsweise:

■ dem weichenden Ehegatten wird – gegebenenfalls auch nur für einen befristeten Zeitraum – untersagt, die Wohnung zu betreten

■ der weichende Ehegatte wird verpflichtet, seine Schlüssel herauszugeben

■ bei besonderer Gefahrenlage wird eine „Bannmeile" angeordnet, binnen derer sich dann derjenige nicht mehr der Wohnung nähern darf, gegen den die Regelung erlassen wurde

Verbotsanordnung gemäß § 1361 b Abs. 3 Satz 1 BGB: Eine weitere Regelungsmöglichkeit durch das Familiengericht ist die Anordnung eines „Kündigungsverbots" gegen den weichenden Ehegatten. Ist nämlich nur einer der Ehegatten oder Lebenspartner Mieter der Wohnung, stünde diesem alleine das Kündigungsrecht und die Kündigungsmöglichkeit zu. Soll jedoch gerade dieser Ehegatte von der Nutzung der Ehewohnung aus einem der vorstehend genannten Gründe ausgeschlossen sein, könnte er sich hierfür dadurch „rächen", dass er die Wohnung schlicht kündigt. Dann müsste der verbleibende Ehegatte oder Lebenspartner diese geräumt an den Vermieter zurückgeben.

Hier hilft das Familiengericht: Es kann ein Kündigungsverbot anordnen, und zwar sogar im Rahmen einer Einstweiligen Anordnung gemäß § 621g ZPO. Bei einem Verstoß gegen eine solche Anordnung würde sich der weichende Ehegatte dann schadenersatzpflichtig machen.

Besondere Vermutung des § 1361b Abs. 4 BGB – Überlassung: Die Regelungen die Ehewohnung betreffend dienen dazu, dass möglichst rasch und gegebenenfalls auch unter Zuhilfenahme des Familiengerichts Rechtsfrieden und -sicherheit eintritt. Damit ist auch ein gewisses zeitliches Erfordernis an einen Antrag gemäß § 1361b BGB geknüpft. Ist nämlich einer der Ehegatten oder Lebenspartner freiwillig ausgezogen und entschließt er oder sie sich erst nach einem Jahr dazu, die Ehewohnung zu beanspruchen, wird dies nicht von Erfolg gekrönt sein.

Beispiel:

Frau Steinmann und Frau Wurfhaus leben in einer Lebenspartnerschaft zusammen. Frau Wurfhaus hat sich von Frau Steinmann getrennt und ist aus der gemeinsamen Wohnung im März 2006 ausgezogen. Im Dezember 2006 überlegt sie sich, dass doch lieber sie in der Wohnung verblieben wäre, da diese Wohnung deutlich näher an ihrem Arbeitsplatz liegt als an dem von Frau Steinmann. Sie bittet Frau Steinmann, ihr die Wohnung zu überlassen. Frau Steinmann verneint und droht Frau Wurfhaus damit, sie die Treppe hinunterzuwerfen, sofern sie es nur wagen sollte, sich Zutritt zur Wohnung zu verschaffen.

Frau Wurfhaus lässt sich dies nicht gefallen und stellt einen Antrag beim Familiengericht.

Dort wird sie erfahren, dass das Familiengericht nunmehr nicht mehr über ihren Antrag entscheiden wird, da Frau Wurfaus nämlich zunächst freiwillig aus der Ehewohnung ausgezogen und in eine eigenen Wohnung eingezogen ist.

Gemäß § 14 Abs. 4 LPartG (dies entspricht § 1361b Abs. 4 BGB für Ehepaare) wird bei einem freiwilligen Auszug eines Partners nach sechs Monaten ohne Anzeige einer „ernstlichen" Rückkehrabsicht nämlich unwiderleglich vermutet, dass dieser Partner dem in der Wohnung verbliebenen Lebenspartner das alleinige Nutzungsrecht an der Wohnung überlassen hat.

Da Frau Wurfhaus gegenüber Frau Steinmann zwischenzeitlich über sechs Monate hinweg keinen Rückkehrwunsch in die vormalige Wohnung geäußert hat, ist ihr Recht, die Zuweisung zu beantragen, nunmehr erloschen.

Dauerhafte Regelungen über die Nutzung der vormaligen Ehewohnung

Außer den zuvor erläuterten Möglichkeiten einer vorläufigen Regelung der Nutzungsverhältnisse an der Ehewohnung für den

Zeitraum des Getrenntlebens kennt das Gesetz auch die Möglichkeit einer endgültigen und dauerhaften familienrechtlichen Zuweisung der ehemaligen Ehewohnung an einen der früheren Ehegatten oder Lebenspartner.

Voraussetzungen

Voraussetzung für eine endgültige Regelung im Zusammenhang mit einer von Ehegatten oder Lebenspartnern bewohnten Wohnung ist nicht nur das Vorliegen einer Ehewohnung, sondern auch, dass das Ehescheidungsverfahren bereits eingeleitet ist. Im Zusammenhang mit der Ehescheidung ist nach dem gesetzgeberischen Willen auch eine Entscheidung über den Verbleib der Ehewohnung zu treffen, sofern dies den vormaligen Eheleuten nicht gelingt. Dabei sind im Wesentlichen zwei Konstellationen denkbar:

- Die Eheleute/Lebenspartner sind sich nicht einig, wem von ihnen nach Scheidung der Ehe die vormalige Ehewohnung zur dauerhaften Nutzung zustehen soll.

- Die Eheleute/Lebenspartner sind sich einig, der Vermieter möchte jedoch keinen der beiden aus dem Mietverhältnis entlassen.

In beiden Fällen kann ein Ehewohnungszuweisungsverfahren nach §§ 1 in Verbindung mit 3 ff. HausratsVO bzw. in Verbindung mit § 18 LPartG erfolgen.

Regelung der Nutzung und Zuweisung der Ehewohnung zwischen den Eheleuten/Lebenspartnern

Während für die Dauer der Trennung teilweise noch eine gemeinsame Nutzung der Wohnung vorgesehen ist und gegebenenfalls noch angeordnet werden kann, sind Fälle der Wohnungsteilung nach der Ehescheidung schlecht denkbar. Üblicherweise haben die Parteien ja gerade die Scheidung betrieben, weil sie nicht mehr miteinander leben wollen.

Es ist daher nur in Ausnahmefällen daran zu denken, dass eine solche Regelung getroffen wird, sie bedarf jedoch der Zustimmung des Vermieters und fordert zum Teil Umbaumaßnahmen innerhalb der Wohnung. In diesem Zusammenhang ist dann auch die Kostenlast zu klären, so dass häufig ein Um- und Auszug preiswerter sein dürfte.

Wenn sich jedoch die Parteien über die künftige Nutzung der vormaligen Ehewohnung streiten, muss differenziert werden, ob es sich bei Ehewohnung um eine Eigentumswohnung im Eigentum beider Ehegatten, eine Eigentumswohnung im Eigentum nur eines Ehegatten oder um eine Mietwohnung handelt.

In diesem Fall kommt es nicht darauf an, ob das Mietverhältnis von einem oder von beiden Ehegatten eingegangen wurde. In jedem Fall kann das Gericht auf Antrag bestimmen, dass das gegebenenfalls von beiden Eheleuten begonnene Mietverhältnis nunmehr nach Rechtskraft der Ehescheidung nur mit einem fortgesetzt wird.

Es ist auch denkbar, dass das Gericht die Partei im Mietvertrag schlicht ersetzt. Dann führt beispielsweise die Ehefrau das Mietverhältnis fort, das der Ehemann seinerzeit geschlossen hat.

Hierbei handelt es sich um den in unserer Rechtsordnung nur seltenen Fall, dass durch ein Gericht in die Vertragsautonomie eingegriffen wird und dem Vermieter ein ihm möglicherweise ungewollter Vertragspartner aufgezwungen wird.

Begründung eines Mietverhältnisses durch das Familiengericht

Ausnahmsweise kann es auch erforderlich sein, dass das Familiengericht ein Mietverhältnis erst begründet.

Beispiel: „Kauf bricht nicht Miete"

Die Eigentumswohnung in München gehört Herrn Vogel allein. Sie wird bewohnt von Herrn Vogel, Frau Vogel und dem gemeinsamen minderjährigen Sohn Silvio. Eines Tages beschließt Herr Vogel, seine Ehefrau zu verlassen. Er verlässt nicht nur seine Frau, sondern auch die Wohnung bei Nacht und Nebel und kehrt nicht mehr zurück.

Da die Wohnung in seinem Alleineigentum steht, kann Herr Vogel die Wohnung nunmehr veräußern. So geschieht es auch, er überträgt die Wohnung an seinen Bruder. Sobald Herrn Vogels Bruder die Wohnung übertragen wird, könnte dieser die Räumung der Wohnung durch die dort noch wohnende Ehefrau mit dem Kind beantragen.

Die Ehefrau wehrt sich nunmehr. Sie lässt einen Antrag beim Familiengericht stellen, bei dem ihr nicht nur die Nutzung der Ehewohnung gesichert wird, sondern sie beantragt auch die Begründung eines Mietverhältnisses mit ihrem Ehemann.

Hintergrund ist, dass das Mietrecht weitgehende Schutzmöglichkeiten des Mieters auch im Falle der Veräußerung der Wohnung kennt.

Da das Familiengericht nunmehr ein Mietverhältnis begründet hat, nutzt es Herrn Vogel auch nichts mehr, wenn er die Wohnung auf seinen Bruder überträgt. Dieser wird zwar dann Eigentümer der vormaligen Ehewohnung, tritt jedoch gleichzeitig auch in die von dem Familiengericht begründete mietvertragliche Verpflichtung ein. Damit ist die Ehefrau nunmehr vor einer sofortigen Zwangsräumung geschützt und kann die Schutznormen des sozialen Mietrechts in Anspruch nehmen.

Beendigung eines Mietverhältnisses durch das Familiengericht

Auch in der endgültigen Entscheidung kann das Familiengericht verhindern, dass ein Ehegatte, der alleiniger Mieter der Ehewohnung ist, diese kündigt.

Umgekehrt kann das Familiengericht jedoch auch den Ehegatten, der sich weigert, an der Kündigung der gemeinsamen Ehewohnung mitzuwirken, genau zu dieser Mitwirkung verurteilen.

Gestaltungsmöglichkeit zwischen Eheleuten und Vermietern

Üblicherweise versuchen beide Ehegatten im Zusammenwirken, den Vermieter davon zu überzeugen, dass das Mietverhältnis vernünftigerweise nur noch mit einem von ihnen fortgeführt werden soll. Der Ehegatte, der die Wohnung verlassen hat, hat meistens kein Interesse mehr daran, mietvertraglich verpflichtet zu sein.

Würden nun beide Eheleute gemeinsam das Mietverhältnis kündigen, wäre der Vermieter nicht verpflichtet, sodann nachträglich ein neues Mietverhältnis mit nur einem von ihnen zu begründen. Durch dieses Handeln würden beide Eheleute also Gefahr laufen, die Ehewohnung vollständig zu verlieren.

Wenn jedoch beide Eheleute Mieter der Ehewohnung sind, müssen sie sich nach allen Kräften darum bemühen, dass der Vermieter der Fortführung des Mietverhältnisses mit nur einem von ihnen zustimmt.

Wenn dies nicht gelingt, kann über § 5 HausratsVO das Familiengericht die Zustimmung des Vermieters ersetzen. Voraussetzung hierfür ist jedoch, dass sich die Eheleute zunächst bemüht haben, die Zustimmung des Vermieters zu erhalten. Dabei reicht ein einfacher Versuch nicht aus. Stimmt der Vermieter nämlich dem ersten Wunsch auf Fortführung des Mietverhältnisses mit nur einem Ehegatten nicht zu, müssen gegebenenfalls Alternativlösungen gefunden werden, die den Interessen des verbleibenden Ehegatten ebenso gerecht werden wie den gegebenenfalls formulierten Wünschen des Vermieters.

Nur wenn auch fortgesetzte Bemühungen um eine einvernehmliche Regelung scheitern, kann eine Regelung gegen den Willen des Vermieters über die Hausratsverordnung erzwungen werden. Nach § 5 Abs. 1 Satz 2 HausratsVO kann der Richter dabei gegenüber den vormaligen Ehegatten auch Anordnungen treffen, die den berechtigten Interessen des Vermieters Rechnung tragen.

Wichtig: Dieser Antrag ist fristgebunden, gemäß § 12 HausratsVO ist er nur innerhalb von zwölf Monaten nach Rechtskraft der Ehescheidung möglich. Danach kann der Richter in Rechte des Vermieters oder anderer Dritter nur noch mit deren Zustimmung eingreifen.

An dem entsprechenden Verfahren vor dem Familiengericht ist der Vermieter der Ehewohnung nach § 7 HausratsVO zwingend zu beteiligen.

Die gemeinsam bewohnte Immobilie

2

Allgemeines

Wenn ein Paar in eine eigene Immobilie zusammenzieht, geschieht dies entweder dergestalt, dass im Vertrauen auf einen anhaltenden Fortbestand der Beziehung gemeinsam eine Eigentumswohnung erworben wird. Oder einer der beiden ist bereits Eigentümer einer Eigentumswohnung, in die der andere – sei es der Ehepartner, der eingetragene Lebenspartner oder der nichteheliche Lebensgefährte – einzieht. Möglich ist aber auch, dass einer der beiden oder beide gemeinsam erst im Laufe des Zusammenlebens die Wohnung erwerben, da diese von einer Mietwohnung in eine Eigentumswohnung umgewandelt wird.

Fallbeispiele:

(a) Herr Mitternacht hat zu seinem Examen von seinen begüterten Eltern eine schicke Dachgeschosswohnung als Eigentumswohnung geschenkt bekommen, die er seit einigen Jahren bewohnt. Nach seiner Hochzeit mit Frau Liebig zieht Frau Liebig zu ihm in die Wohnung.

(b) Frau Tausendschön und Frau Blumenau sind Partnerinnen einer eingetragenen Lebenspartnerschaft. Da sie sich sicher sind, den Rest des Lebens gemeinsam zu verbringen, werfen sie ihre Ersparnisse zusammen und kaufen sich gemeinsam eine elegante Eigentumswohnung in einer Jugendstilvilla.

Die Rechte und Pflichten zweier Personen, die gemeinsam eine Eigentumswohnung nutzen, ergeben sich untereinander einerseits aus der Gestaltung ihres Zusammenlebens als Ehe, eingetragene Lebenspartnerschaft oder nichteheliche Lebensgemeinschaft und andererseits aus dem Rechtsverhältnis, welches die beiden in Bezug auf die Wohnung haben. Dies kann entweder als Alleineigentum eines Bewohners, als gemeinschaftliches Eigentum im Rahmen einer Bruchteilsgemeinschaft oder als Gesellschaft bürgerlichen Rechts (GbR) organisiert sein. Die Rechtsbeziehungen untereinander werden auch als Innenverhältnis bezeichnet.

Entsprechend gelten dann auf der Beziehungsebene Regelungen des Familienrechts, des Lebenspartnerschaftsrechts oder des allgemeinen Bürgerlichen Rechts und in Bezug auf die Eigentümerstellung die Regelungen des Bürgerlichen Gesetzbuches zur GbR[16] oder zur Gemeinschaft und gegebenenfalls individuelle Vereinbarungen aus einem abgeschlossenen schuldrechtlichen Nutzungsvertrag.

Die Rechte und Pflichten des Wohnungseigentümers gegenüber der Eigentümergemeinschaft und dem Wohnungseigentumsverwalter ergeben sich aus der Teilungserklärung des Grundstückes, der darin enthaltenen Gemeinschaftsordnung, dem Wohnungseigentumsgesetz (WEG) und dem Verwaltervertrag sowie aus etwaigen Vereinbarungen der Wohnungseigentümer untereinander oder aus Beschlüssen, die sie in Eigentümerversammlungen gefasst haben. Solche Beschlüsse gelten in der Regel dann auch für Rechtsnachfolger, die die Wohnung erst später erwerben. Ausnahme ist hier, wenn der Eigentümerversammlung die Beschlusskompetenz für den speziellen Regelungsinhalt gefehlt hat. In solchen Fällen sind die gefassten Beschlüsse nichtig.[17] Die Rechtsbeziehungen des Paares nach außen zur Eigentümergemeinschaft werden auch als Außenverhältnis bezeichnet.

Das nachfolgende Schema verdeutlicht nochmals die Unterscheidung in Innenverhältnis und Außenverhältnis anhand des Beispiels (b):

---

[16] Sind im Grundbuch mehrere Personen mit dem Zusatz „als Gesellschafter bürgerlichen Rechts" als Eigentümer eingetragen, ist die Gesellschaft Eigentümerin des Grundstücks. Auf die Frage, ob die Gesellschaft auch selbst in das Grundbuch eingetragen werden könnte, kommt es dabei nicht an, BGH, Urteil vom 25.09.2006, II ZR 218/05: „Wenn im Grundbuch die einzelnen Gesellschafter mit dem Zusatz ,als GbR' eingetragen sind, wird damit für den Rechtsverkehr – unabhängig von der Frage, ob auch die GbR selbst eingetragen werden könnte – unzweifelhaft zum Ausdruck gebracht, dass Eigentümerin die GbR ist."

[17] BGH, Beschluss vom 20.09.2000, V ZB 58/99, NJW 2000, 3500:
„b) Durch Beschlussfassung können nur solche Angelegenheiten geordnet werden, über die nach dem Wohnungseigentumsgesetz oder nach einer Vereinbarung die Wohnungseigentümer durch Beschluss entscheiden dürfen, anderenfalls bedarf es einer Vereinbarung.
c) § 23 Abs. 4 WEG, wonach ein Beschluss nur ungültig ist, wenn er für ungültig erklärt wurde, setzt voraus, dass die Wohnungseigentümer überhaupt durch Beschluss entscheiden durften.
d) Ein trotz absoluter Beschlussunzuständigkeit gefasster Beschluss ist nichtig."

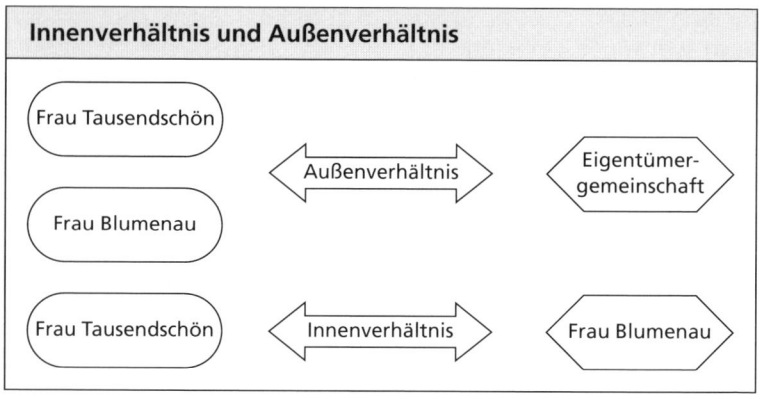

Rechte und Pflichten
in der Wohnungseigentümergemeinschaft

Ähnlich wie bei einem Grundstück wird für jede Eigentumswohnung beim Grundbuchamt des örtlichen Amtsgerichtes, in dessen Bezirk die Wohnung liegt, ein Wohnungsgrundbuch geführt.

Verpflichtet aus dem Wohnungseigentum ist immer derjenige, der im Wohnungsgrundbuch als Eigentümer eingetragen ist. Auch für ein Paar gilt dann nach außen gegenüber der Wohnungseigentümergemeinschaft oder Dritten immer nur derjenige als verpflichtet, der dort eingetragen ist.

Bei den Parteien im Innenverhältnis kommt es auf die zwischen ihnen getroffene Vereinbarung an. An manchen Stellen müssen die gegenüber der Wohnungseigentümergemeinschaft bestehenden Pflichten aber auch im Innenverhältnis berücksichtigt werden. Darum soll nunmehr zunächst eine Übersicht über die infrage kommenden Rechte und Pflichten erfolgen.

Pflicht zur Zahlung des Wohngeldes

Eine der wichtigen Pflichten eines jeden einzelnen Wohnungseigentümers ist die Entrichtung der für die Bewirtschaftung des Gebäudes notwendigen Beiträge, nämlich die Bezahlung des sogenannten Wohn- oder Hausgeldes, § 16 Abs. 2 WEG. Dies umfasst auch eventuelle Umlagen.

Die Höhe und der Grund solcher Vorschüsse wird jedoch erst durch den in der Eigentümerversammlung gefassten Beschluss der Wohnungseigentümer über den Wirtschaftsplan im Rahmen der in § 16 Abs. 2 WEG vorgesehenen, allgemeinen Beitragspflicht begründet.[18]

Grundsätzlich gilt dabei ein Wirtschaftsplan zunächst ausschließlich für das Wirtschaftsjahr, auf das er bezogen ist. Dies ergibt sich zum einen aus der gesetzlichen Regelung, § 28 Abs. 1 Satz 1 WEG, zum anderen meist auch aus der Teilungserklärung, in der diese Frage häufig auch geregelt ist.

Zwar dürfte es zumindest in der Regel zulässig sein, die Fortgeltung eines Wirtschaftsplanes bis zur Beschlussfassung über den nächsten Wirtschaftsplan durch Eigentümerbeschluss festzulegen, es darf dadurch jedoch kein „Automatismus" entstehen, wonach aufgrund eines Beschlusses aus dem Jahr 1980 noch im Jahr 2006 das Wohngeld eingefordert wird.

Im Familienrecht wird das gezahlte Wohngeld bei der Ermittlung der Unterhaltshöhe berücksichtigt.[19]

Antragsberechtigung in gerichtlichen Verfahren

Wird ein gerichtliches Verfahren nach § 43 WEG wegen eines Streits zwischen den Miteigentümern der Eigentümergemeinschaft bzw. mit dem Verwalter erforderlich, ist jeder Wohnungseigentümer, dem ein alleiniger Anspruch zusteht, antragsbefugt. Einen gemeinschaftlichen Anspruch kann der Einzelne nur gerichtlich geltend machen, wenn er per Gemeinschaftsbeschluss dazu ermächtigt ist, es kann aber nach neuer Rechtsprechung des BGH auch die Gemeinschaft als solche auftreten.

---

[18]   OLG Frankfurt, Beschluss vom 07.06.2005, 20 W 135/05

[19]   OLG Schleswig, Urteil vom 05.02.2003, 12 UF 140/01, NJW-RR 2004, 151

> **Wichtige Gerichtsentscheidung:**
>
> BGH Beschluss vom 02.06.2005, V ZB 32/05, NJW 2005, 2061
>
> Die Gemeinschaft der Wohnungseigentümer ist rechtsfähig, soweit sie bei der Verwaltung des gemeinschaftlichen Eigentums am Rechtsverkehr teilnimmt.
>
> Neben der Haftung der teilrechtsfähigen Wohnungseigentümergemeinschaft kommt eine akzessorische gesamtschuldnerische Haftung der Wohnungseigentümer nur in Betracht, wenn diese sich neben dem Verband klar und eindeutig auch persönlich verpflichtet haben.

In Einzelfällen kann ein einzelner Eigentümer auch einen gemeinschaftlichen Anspruch – etwa auf Beseitigung eines Mangels am Gemeinschaftseigentum – alleine geltend machen, sofern er die Leistung an die Gemeinschaft beantragt und solange die Gemeinschaft als Verband noch nicht tätig geworden ist.

Stimmrecht in der Eigentümerversammlung

Das Stimmrecht in der Eigentümerversammlung kann nur einheitlich ausgeübt werden. In der Teilungserklärung ist üblicherweise geregelt, ob das Kopf-, das Wohnungs- oder das Anteilsprinzip gilt. Beim Kopfprinzip hat jeder Eigentümer eine Stimme, beim Wohnungsprinzip gibt es pro Wohnung eine Stimme und beim Anteilsprinzip gibt es entsprechend den Miteigentumsanteilen Stimmen, das bedeutet, Eigentümer größerer Wohnungen haben mehr Stimmrechte als Eigentümer kleinerer Wohnungen.

Steht ein Wohnungseigentum mehreren gemeinschaftlich zu, können sie nach § 25 Abs. 2 Satz 2 WEG ihr Stimmrecht nur einheitlich ausüben.

Wenn Eheleute Miteigentümer einer Eigentumswohnung sind und einer der beiden Ehegatten außerdem Alleineigentümer einer weiteren Eigentumswohnung, stehen ihnen zwei Stimmen zu.[20]

---

[20] KG, Beschluss vom 15.09.1999, 24 W 9353/97

Vertretungsrecht in der Eigentümerversammlung

Häufig findet sich in der Teilungserklärung eine Regelung, wonach sich ein Wohnungseigentümer nur durch einen Ehegatten, Verwandte in gerader Linie oder einen anderen Wohnungseigentümer vertreten lassen kann. Eine solche Regelung ist wirksam.[21] In einem solchen Fall ist es einem Wohnungseigentümer nicht erlaubt, sich durch den Partner einer nichtehelichen Lebensgemeinschaft vertreten zu lassen. Nach den Umständen des Einzelfalles kann sich aber ein Wohnungseigentümer nach Treu und Glauben entgegen solcher Regelungen trotzdem vertreten lassen.

Reform des Wohnungseigentumsrechts 2007

Der Gesetzgeber plant für 2007 eine Reform des Wohnungseigentumsrechts. Der Gesetzentwurf für eine Überarbeitung des Wohnungseigentumsgesetzes wurde durch den Bundestag am 16.12.2006 verabschiedet und wird voraussichtlich zum 01.05.2007 in Kraft treten.

Die wesentlichen Änderungen des WEG-Reformgesetzes sehen vor allem verfahrensrechtliche Änderungen vor. Diese betreffen die gerichtlichen Verfahren zwischen den einzelnen Wohnungseigentümern untereinander oder zwischen Wohnungseigentümern und Verwaltern bzw. Dritten. Die Reform sieht aber auch Änderungen bei der Beschlusskompetenz der Eigentümerversammlung und bei der Haftung der einzelnen Eigentümer für Verbindlichkeiten der Gemeinschaft vor.

Die Kernpunkte der neuen Regelungen

Das Gesetz erkennt künftig die bislang nur richterrechtlich festgestellte Teilrechtsfähigkeit der Wohnungseigentümergemeinschaft an. Dadurch kann die Wohnungseigentümergemeinschaft unter ihrem Namen klagen und verklagt werden.

---

[21] BayObLG, Beschluss vom 12.12.1996, 2Z BR 124/96, MDR 1997, 343:
„Eine Regelung in der Gemeinschaftsordnung, die das Recht eines Wohnungseigentümers, sich in der Eigentümerversammlung vertreten zu lassen, auf bestimmte Personen beschränkt, wird ganz überwiegend als zulässig angesehen. Nach diesen Grundsätzen ist die in der Gemeinschaftsordnung enthaltene Vertretungsregelung wirksam. Eine entsprechende Anwendung auf den Lebensgefährten eines Wohnungseigentümers kommt nicht in Betracht."

Die Eigentümerversammlung bekommt gegenüber dem bisherigen Recht weitergehende Kompetenzen: Eine Änderung des Kostenverteilungsschlüssels kann nach Inkrafttreten des neuen Gesetzes mit Stimmenmehrheit beschlossen werden, ohne dass es einer Vereinbarung aller Wohnungseigentümer bedarf.

Mehrheitsbeschlüsse sind künftig auch bei geplanten baulichen Veränderungen möglich.

Gerichtsverfahren unterliegen künftig der Zivilprozessordnung (ZPO) und nicht mehr der Verfahrensordnung des Gesetzes über die Freiwillige Gerichtsbarkeit (FGG). Eine wichtige Folge dessen ist, dass dann die obsiegende Partei eines Verfahrens die außergerichtlichen Kosten durch die Gegenseite erstattet erhält.

Durch die Geltung der ZPO sind in der Zukunft dann auch Eilverfahren möglich.

Viele Verfahren werden nach der Reform nur noch zwei Instanzen haben, da die Revision zum Bundesgerichtshof (BGH) ausdrücklich zugelassen werden muss. Hierdurch werden sich die Verfahrensdauern verkürzen.

Entgegen der bisherigen gesamtschuldnerischen Haftung aller Wohnungseigentümer werden die einzelnen Wohnungseigentümer künftig nur noch anteilig entsprechend ihres Miteigentumsanteiles für Forderungen gegenüber außenstehenden Dritten, z. B. Wasser- oder Energielieferanten, haften.

Was geschieht mit der Eigentumswohnung bei einer Trennung?

Wenn sich das Paar, welches die Eigentumswohnung gemeinsam bewohnt, trennt, ist wegen der Rechtsfolgen danach zu unterscheiden, ob nur einer oder beide Eigentümer der Wohnung sind.

Nur ein Eigentümer

Räumungsanspruch

Steht die Wohnung im Alleineigentum einer Partei und wurde zwischen den Parteien keine Vereinbarung über die Nutzung (Mietvertrag, schuldrechtliche Nutzungsvereinbarung o. Ä.) getroffen, kann der Eigentümer den anderen zur Räumung auffordern. Auch hier gilt unter dem Aspekt von Treu und Glauben (§ 242 BGB), dass eine angemessene Räumungsfrist zu gewähren ist.

Kommt der Nichteigentümer der Räumungsaufforderung nicht nach, muss der Eigentümer auf Räumung klagen. Einer eigenmächtigen Räumung ("Vor-die-Tür-Setzen") kann der andere im Wege des einstweiligen Rechtsschutzes begegnen, hierzu dienen während bestehender Ehe oder Lebenspartnerschaft die Vorschriften der Hausratsverordnung oder des Lebenspartnerschaftsgesetzes; nur im Rahmen einer nichtehelichen Lebensgemeinschaft richtet sich der Anspruch des im wahrsten Sinne des Wortes Ausgeschlossenen nach den allgemeinen Vorschriften. Entsprechendes gilt natürlich auch hier für die Zuständigkeit des Gerichts, lediglich für Eheleute oder Lebenspartner wird diese Frage vor dem Familiengericht geklärt.

Wohnungszuweisung bei Eigentum

Für die bereits geschilderten Verfahren nach dem Hausratsverfahren gilt hier eine Besonderheit:

Bei der bereits geschilderten Interessensabwägung treten die verfassungsmäßig garantierten Rechte des Eigentümers stärker in den Vordergrund.[22]

Sowohl § 1361b BGB als auch die Hausratsverordnung gehen jedoch davon aus, dass die Nutzungsberechtigung an der bisherigen Ehewohnung abweichend von den Eigentumsverhältnissen geregelt werden kann. Gerade in solchen Fällen soll dem Eigentümer der Immobilie zugestanden werden, eine Entschädigung für die ihm sonst mögliche anderweitige Verwertung der Wohnung zu verlangen, wenn und soweit dies der Billigkeit entspricht. Eine in Grund und Höhe von Billigkeitserwägungen abhängige Nutzungsvergütung[23] kommt dabei nicht nur dann in Betracht, wenn eine schwere Härte die Wohnungsüberlassung an den anderen Ehegat-

---

[22] OLG Köln, 14.12.1993, 25 UF 204/93, OLG-Report Köln 1994, 674:
Zuweisung der ehelichen Wohnung an den Alleineigentümer-Ehegatten kann auch dann in Betracht kommen, wenn der andere Teil sie seit langer Zeit allein bewohnt, sofern die Fortdauer dieses Zustandes dem Antragsteller aus beachtenswerten Gründen nicht länger zugemutet werden kann.

[23] BGH Urteil vom 15.02.2006, XII ZR 202/03, www.bundesgerichtshof.de

ten erfordert, sondern auch, wenn die Eheleute sich rechtsgeschäftlich bindend über die alleinige Nutzung durch den anderen Ehegatten geeinigt haben.

Eine Prüfung, ob und inwieweit die Billigkeit eine Nutzungsvergütung erfordert, ist somit in allen Fällen geboten, in denen der Eigentümer die bisherige Ehewohnung freiwillig verlässt, ohne dass zuvor über die wesentlichen Modalitäten einer künftigen Alleinnutzung der Wohnung durch den anderen eine Regelung getroffen wurde.

Beide sind Eigentümer

Sind beide Eigentümer der Wohnung, müssen sie sich Gedanken machen, was mit der Wohnung geschehen soll. Verschiedene Möglichkeiten sind denkbar:

Die Wohnung wird nicht veräußert

Sollte ein Verkauf sich beispielsweise aus wirtschaftlichen Gründen nicht darstellen lassen, können sich die Eheleute oder Lebenspartner verständigen, dass die Eigentumsverhältnisse an der bisherigen Ehewohnung von der Scheidung nicht berührt werden.

Gleichzeitig bietet sich jedoch an, dass eine Einigung über die zukünftige Nutzung und das Nutzungsentgelt einschließlich Nebenkosten und Lastentragung getroffen wird, um Unsicherheiten vorzubeugen. Dabei müssen die Konsequenzen für den Unterhaltsanspruch und den Zugewinnausgleichsanspruch natürlich berücksichtigt werden.

Im Rahmen einer solchen Vereinbarung sollte auch geregelt werden, wie lange ein Auseinandersetzungsanspruch nach § 749 Abs. 2 BGB ausgeschlossen sein soll, um dem im Haus verbleibenden Eigentümer und gegebenenfalls den Kindern für eine absehbare Zeit die Sicherheit zu geben, dass ein Antrag auf Teilungsversteigerung nicht gestellt wird.

Praxis-Tipp:

Gegebenenfalls sollte bis zum Schulabschluss oder bis zur Volljährigkeit des jüngsten Kindes ein Antrag auf Teilungsversteigerung ausgeschlossen sein.

Denkbar ist jedoch auch eine individuelle Anknüpfung an die jeweilige Lebenssituation, etwa Fälligwerden einer Lebensversicherung, die die Tilgung von gemeinsamen Lasten ermöglicht, Abschluss einer Berufsausbildung, angekündigte turnusmäßige Versetzung an einen anderen Arbeitsort u. Ä.

Verkauf der Immobilie an einen der Eigentümer

Meist ist es jedoch so, dass derjenige, der im bisherigen Familienheim verbleiben will, interessiert daran ist, den anderen Miteigentumsanteil übertragen zu bekommen.

Vorsicht:

Hier kann im Rahmen der Vermögensauseinandersetzung Grunderwerbsteuer gespart werden, da gemäß § 3 Ziff. 4,5 GrEStG25 die Übertragung zwischen Eheleuten eine Ausnahme für die Erwerbsvorgänge darstellt.

Hingegen kann bei einer ungeschickten Vertragsgestaltung Einkommensteuer anfallen, sofern die Voraussetzungen des § 23 EStG vorliegen! Hier empfiehlt es sich, unbedingt einen Steuerberater hinzuzuziehen, um Fallen zu vermeiden.

§ 3 GrEStG Allgemeine Ausnahmen von der Besteuerung

Von der Besteuerung sind ausgenommen:

1. der Erwerb eines Grundstücks, wenn der für die Berechnung der Steuer maßgebende Wert (§ 8) 2.500 Euro nicht übersteigt;

2. der Grundstückserwerb von Todes wegen und Grundstücksschenkungen unter Lebenden im Sinne des Erbschaftsteuer- und Schenkungsteuergesetzes. Schenkungen unter einer Auflage unterliegen der Besteue-

rung jedoch hinsichtlich des Werts solcher Auflagen, die bei der Schenkungsteuer abziehbar sind;

3. der Erwerb eines zum Nachlaß gehörigen Grundstücks durch Miterben zur Teilung des Nachlasses. Den Miterben steht der überlebende Ehegatte gleich, wenn er mit den Erben des verstorbenen Ehegatten gütergemeinschaftliches Vermögen zu teilen hat oder wenn ihm in Anrechnung auf eine Ausgleichsforderung am Zugewinn des verstorbenen Ehegatten ein zum Nachlaß gehöriges Grundstück übertragen wird. Den Miterben stehen außerdem ihre Ehegatten gleich;

4. der Grundstückserwerb durch den Ehegatten des Veräußerers;

5. der Grundstückserwerb durch den früheren Ehegatten des Veräußerers im Rahmen der Vermögensauseinandersetzung nach der Scheidung;

6. der Erwerb eines Grundstücks durch Personen, die mit dem Veräußerer in gerader Linie verwandt sind. Den Abkömmlingen stehen die Stiefkinder gleich. Den Verwandten in gerader Linie sowie den Stiefkindern stehen deren Ehegatten gleich;

Sofern die Zustimmung der Gläubigerbank erteilt wird, kann bei der Übertragung auf einen der Eigentümer auch hier gespart werden, da die Kosten für eine eventuelle Vorfälligkeitsentschädigung bei Rückzahlung des von beiden Ehegatten aufgenommenen Darlehens bei dieser Lösung nicht anfallen.

Die Voraussetzung für eine solche Lösung ist naturgemäß, dass der übernehmende Eigentümer wirtschaftlich in der Lage ist, den anderen Anteil abzukaufen und von der Bank als alleiniger Schuldner akzeptiert wird.

Ein Wohnungseigentümer hat zwar nach dem Gesetz gemäß § 13 WEG das Recht, mit seinem Sondereigentum nach Belieben zu verfahren, sofern er dabei andere Wohnungseigentümer oder das Gemeinschaftseigentum nicht beeinträchtigt. Allerdings kann das Recht, eine Eigentumswohnung zu verkaufen, gemäß § 12 Abs. 1 WEG von einer Zustimmung des Verwalters abhängig gemacht werden. Genaues hierzu ist in der Teilungserklärung geregelt.

Wichtige Gerichtsentscheidung:

Kammergericht Berlin, Beschluss vom 28.05.1996, 1 W 7520/95
KGReport Berlin 1996, 160

Das im Wohnungsgrundbuch als Inhalt des Sondereigentums eingetragene Erfordernis der Veräußerungszustimmung des Verwalters ist, soweit es um die eingetragene Zustimmungsfreiheit bei Veräußerung an Ehegatten geht, dahin auszulegen, dass auch die nach Rechtskraft des Scheidungsurteils erklärte Auflassung an den dann geschiedenen Ehegatten zustimmungsfrei ist, wenn sie sich nach den Umständen offenkundig als Erfüllung einer vor Rechtskraft getroffenen Scheidungsfolgenvereinbarung darstellt.

Die Beteiligten waren in dem dort dargestellten Fall im Wohnungsgrundbuch als Miteigentümer eines Wohnungseigentumsrechts je zur Hälfte eingetragen und seinerzeit miteinander verheiratet. Im Bestandsverzeichnis des Grundbuchs ist als Inhalt des Sondereigentums vermerkt, dass die Weiterveräußerung der Zustimmung des Verwalters bedürfe und dies u. a. im Falle der Veräußerung an Ehegatten nicht gelte; die Zustimmung des Verwalters könne durch Mehrheitsbeschluss der Eigentümerversammlung ersetzt werden. Das Kammergericht hat in der zitierten Entscheidung festgestellt, dass eine Veräußerung an Ehegatten im Sinne der hier vereinbarten und im Grundbuch als Inhalt des Sondereigentums eingetragenen Ausnahme vom grundsätzlichen Erfordernis der Verwalterzustimmung auch dann anzunehmen ist, wenn die Auflassung zwar nach Rechtskraft des Scheidungsurteils erklärt wird, aber offenkundig auf einer Scheidungsfolgenvereinbarung unter Ehegatten beruht.

Was tun, wenn die finanziellen Mittel fehlen?

In den Fällen, in denen dem übernehmenden Eigentümer die finanziellen Mittel fehlen, kann bei Vorliegen besonderer familienrechtlicher Verknüpfungen eine gekoppelte Lösung sinnvoll sein:

Dabei kommt ein gänzlicher oder teilweiser Ehegattenunterhaltsverzicht gegen Zahlung einer zu verrechnenden Unterhaltsabfindung oder aber auch die Verrechnung von Zugewinnausgleichsansprüchen ebenso in Betracht wie Verzichtsüberlegungen im Hinblick auf die Durchführung des Versorgungsausgleichs.

Vorsicht: Gerade in diesen Fällen bedarf es besonderer Sachkunde, um eine Konstruktion zu vermeiden, die eine Einkommensteuerpflicht gemäß § 23 EStG auslöst!

Insbesondere in den Fällen, in denen keine familienrechtlichen Sonderbeziehungen bestehen, ist auch eine längerfristige Stundung des Kaufpreisanteils zu überlegen. Voraussetzung ist jedoch, dass dem veräußernden Eigentümer dies wirtschaftlich überhaupt möglich ist, er also auf das Geld nicht unmittelbar angewiesen ist. Hintergrund für eine solche Konstruktion könnte sein, dass das Familienheim den Kindern erhalten werden soll.

Verkauf

Kann eine Veräußerung der Immobilie an Dritte nicht verhindert werden, ist der Erlös nach Abzug der Verbindlichkeiten zu teilen. Eventuell aus diesem Verkauf resultierende Schulden werden jedoch auch für die Zukunft berücksichtigt, da sie die Lebensverhältnisse zuvor prägten.[24]

Es existiert keine Regelung, wonach bei einem nur zur Deckung des notwendigen Unterhalts ausreichenden Einkommen anderweitige Schulden keine Beachtung finden dürfen. Es ist vielmehr im Rahmen einer Interessenabwägung erforderlich, die Belange des Verpflichteten und des Berechtigten vor einer Berücksichtigung von Verbindlichkeiten des Verpflichteten bei der Feststellung des unterhaltspflichtigen Einkommens unterhaltsrechtlich wertend zu betrachten. Hauptgrundsatz ist, dass der Unterhaltsberechtigte durch die Trennung oder Scheidung weder besser noch schlechter als bei Fortdauer der Ehe stehen darf.[25]

---

[24] OLG Hamm, Urteil vom 11.10.1996, 12 UF 392/95

[25] BGH, Urteil vom 07.10.1981, IVb ZR 598/80 FamRZ 1982, 23

Beide sind Eigentümer, aber nur einer nutzt

Stehen die Eigentumswohnung oder das Eigenheim im gemeinsamen Eigentum und zieht einer der beiden Ehegatten aus, nutzt damit der andere Ehegatte „automatisch" auch den hälftigen Eigentumsanteil des ausgezogenen Ehegatten. Dieser Anteil kann bewertet werden.

Wohnwert

Üblicherweise geschieht dies zwischen Ehegatten in dem Moment, in dem sie sich über Unterhaltsfragen verständigen. Dabei kann nicht automatisch von einer Pflicht zur Nutzungsentschädigung ausgegangen werden. So entschied das OLG Köln, dass eine Nutzungsvergütung auch unter Billigkeitsgründen versagt werden kann.[26]

Wird kein Unterhalt geltend gemacht oder besteht zwischen den Eigentümern kein familienrechtliches Sonderverhältnis, wie beispielsweise im Rahmen einer nichtehelichen Lebensgemeinschaft, so wird derjenige, der im Haus oder der Wohnung verbleibt, dem anderen für die Nutzung von dessen Eigentum ein Nutzungsentgelt schulden.

Für die nichteheliche Lebensgemeinschaft ergibt sich dies aus den normalen zivilrechtlichen Vorschriften der §§ 987, 988 BGB, dies setzt jedoch voraus, dass sich die Immobilie im alleinigen Eigentum des anderen befindet.

Besteht Miteigentum, greifen die gesellschaftsrechtlichen Vorschriften der §§ 741, 745 Abs. 2 BGB, wonach nach einer Trennung jeder Miteigentümer die Neueregelung der Verwaltung und Nutzung der im gemeinsamen Eigentum stehenden Immobilie verlangen kann, wenn diese wegen der erfolgten Trennung nunmehr künftig anders genutzt wird.

Auch Eheleute werden sich nach Rechtskraft der Ehescheidung auf diesen Paragrafen berufen, da ein familienrechtliches Sonderverhältnis gerade nicht mehr besteht.

---

[26] OLG Köln, 16.12.1996 – 14 UF 275/96, OLG-Report Köln, 1997, 10, 148:
Die Festsetzung einer Benutzungsvergütung entspricht nicht der Billigkeit, wenn der verbleibende Ehegatte wegen der Versorgung eines kleinen Kindes nicht erwerbstätig ist und er mangels Unterhaltszahlung nicht leistungsfähig ist.

In der Trennungszeit jedoch wird auch die Frage nach der Nutzungsvergütung über die HausratsVO und gemäß § 1361b III 2 BGB geregelt. Hierbei ist in jedem Fall individuell zu entscheiden. Das OLG Köln[27] hat in der bereits zitierten Entscheidung festgehalten, dass eine Wohnungszuweisung auch bei Miteigentum nicht gerichtlich erzwungen werden kann, um die Wohnung alsbald zu veräußern.

Gesamtschuldnerausgleich

In den Fällen, in denen jedoch Unterhalt begehrt wird, ist die Situation wesentlich interessanter. Ab dem endgültigen Scheitern der ehelichen Lebensgemeinschaft wird nämlich vermutet, dass der Gesamtschuldnerausgleichsanspruch zwischen den Ehegatten wieder auflebt. Dies bedeutet, dass sämtliche mit der Immobilie verbundenen Belastungen vom Einkommen abgezogen werden können, da auch diese die ehelichen Lebensverhältnisse prägten.

Mit der Immobilie verbundene Belastungen sind:

- Finanzierungskosten (Zins und Tilgung)
- umlagefähige Kosten wie Grundsteuer, Gebäudeversicherung, Abwasser, Schornsteinfeger und notwendige Instandhaltungskosten

Vorsicht: Es muss immer zwischen dem Unterhalt vor Rechtshängigkeit des Scheidungsverfahrens und dem Unterhalt für die Zeit ab diesem Moment unterschieden werden. Der Grund hierfür liegt darin, dass die Zustellung des Scheidungsantrags an den anderen Ehegatten das Ende des ehelichen Güterstandes herbeiführt. Man nennt diesen Tag auch „Stichtag".

Weil zu diesem Stichtag die Vermögenswerte ermittelt werden, die die Ehegatten während der Ehe erworben haben, gilt ab dann nicht mehr der Grundsatz, dass beide am Vermögensaufbau glei-

---

[27] OLG Köln, 16.12.1996 – 14 UF 275/96, OLG-Report Köln, 1997, 10, 148:
Ein Miteigentümer, der nicht die Benutzung der Wohnung anstrebt, sondern nur die Veräußerung der Wohnung wegen der Finanzierungslasten, kann eine Wohnungszuweisung nach § 1361b BGB nicht erreichen (gegen OLG Hamburg FamRZ 1992, 1298).

chermaßen teilnehmen. Deswegen kann ab diesem Zeitpunkt der Betrag, der für die Tilgung des Darlehens aufgewandt wird, nicht mehr berücksichtigt werden, da dadurch das Vermögen des Unterhaltspflichtigen gemehrt wird, woran der andere Ehegatte nach Beendigung des Güterstandes keinen Anteil mehr hat.

Etwas anderes gilt für den Fall, dass Einnahmen aus Vermietung und Verpachtung einer noch abzuzahlenden Immobilie erzielt werden, denn hier sind die Tilgungszahlungen notwendiger Bestandteil des Finanzierungsaufwandes zur Ertragserzielung, ohne den die Mieterträgnisse nicht erzielt werden könnten.[28]

Zahlt nur einer der beiden die gesamten Verbindlichkeiten, kann er ab der endgültigen Trennung vom anderen automatisch die Erstattung der Hälfte verlangen.

Wichtig: Es bedarf hierzu keiner Mahnung. Im Zusammenhang mit einer Trennung sollte daher die Frage nach dem Gesamtschuldnerausgleich unmittelbar geklärt werden, um spätere böse Überraschungen zu vermeiden.

Wohnwert und Unterhalt

Für den Fall, dass ein Gesamtschuldnerausgleich, wie vorstehend ausgeführt, geltend gemacht wird, kann es angezeigt sein, einen eventuellen Unterhaltsanspruch des in der Immobilie verbleibenden Miteigentümers zu klären, da das mietfreie Wohnen im Eigenheim einen vermögenswerten Vorteil darstellt, der unterhaltsrechtlich von Bedeutung ist.

In diesem Zusammenhang wird der Wert der Nutzung zunächst fiktiv festgestellt. Danach ergibt sich der Wohnwert grundsätzlich nach der objektiven Marktmiete (Mietspiegel). Nur ausnahmsweise kann ein niedriger Mietzins angesetzt werden, wenn man davon ausgehen kann, dass der verbleibende Eigentümer einen so hohen Wohnwert nicht benötigt, aufgrund seiner persönlichen Situation und eventuell vorhandener Kinder jedoch nicht unmittelbar aus der Wohnung auszieht. In der Regel kann dies für das Trennungsjahr vermutet werden.[29]

---

[28] OLG Frankfurt, Urteil vom 28.06.2002, 1 UF 152/01 FamRZ 2003, 533

[29] BGH, Urteil vom 19.03.2003, XII ZR 123/00 FamRZ 2003, 1179

Es wird hierbei unterschieden zwischen dem Unterhalt für die Dauer des Getrenntlebens und dem Unterhalt nach Rechtskraft der Ehescheidung.[30] Dies hängt mit der besonderen Situation während des Trennungsjahres zusammen. Während der Trennungszeit ist es nämlich oftmals unbillig, vom objektiven Marktzins als Wohnwert auszugehen, da die für die familiären Verhältnisse passende Unterkunft nach der manchmal auch ungewollten Trennung häufig überdimensioniert ist.

Die Rechtsprechung hat daher für die Trennungszeit die Kappung des Wohnwertvorteils an der Drittelobergrenze[31] des Einkommens als berechtigt angesehen. Wegen der in der Rechtsprechung und der Literatur vertretenen verschiedenen Berechnungen zur Ermittlung des Wohnwertvorteils wird hier von einer ausführlichen Darstellung abgesehen.

Wichtig ist an dieser Stelle, dass das Verbleiben in einer Immobilie, sei es nun Haus oder Wohnung, einen Wohnwertvorteil begründet, der im Unterhalt berücksichtigt wird, und zwar entweder auf der Seite des Unterhaltsverpflichteten oder des Berechtigten.

Wohnwert und Belastungen

Vom zunächst ermittelten „reinen" objektiven Wohnwert werden sämtliche Belastungen abgezogen, die der in der Wohnung verbleibende Eigentümer trägt. Nur der überschießende Teil stellt den Wohnwert dar, der gegebenenfalls im Rahmen einer Unterhaltsberechnung zu berücksichtigen ist.

Die Bildung einer Instandhaltungsrücklage ist für das unterhaltsrechtlich relevante Einkommen nur anzuerkennen, wenn die aktuelle Notwendigkeit einer bestimmten, unaufschiebbaren Instandhaltungsmaßnahme besteht.[32]

---

[30] OLG Hamm, Urteil vom 24.11.1998, 13 UF 165/98, OLG-Report Hamm 1999, 266: Beim nachehelichen Unterhalt ist der volle Mietwert der früheren ehelichen Wohnung im eigenen Haus zu berücksichtigen; denn nach Rechtskraft der Scheidung steht die Beendigung der Lebensgemeinschaft fest, und der Inhaber der Wohnung ist an einer vollen Nutzung des Wohnwertes durch Vermietung oder Verkauf nicht mehr durch eine Rücksicht auf die Ehe gehindert.

[31] BGH, Urteil vom 12.07.1989, IVb ZR 66/88 FamRZ 1989, 1160ff;

[32] OLG Saarbrücken, Urteil vom 02.10.2003, 6 UF 16/03; OLG Hamm, Urteil vom 07.04.2000, 11 UF 50/99

Es ist daher wichtig, dass im Zusammenhang mit der Trennung eine Entscheidung getroffen wird, ob die Immobilie veräußert oder behalten werden soll. Im Rahmen der Ehescheidung ist eine Auflösung der Ehegattenmiteigentümergemeinschaft nämlich gerade nicht erforderlich.

Das gemeinsam bewohnte Eigenheim

Eigenheim kann sowohl ein einzelnes Einfamilienhaus als auch ein Reihenhaus sein. Grundsätzlich gilt für das gemeinsam bewohnte Einfamilienhaus das oben zur Eigentumswohnung Gesagte. Bei einem Einfamilienhaus entfallen lediglich die Rechtsbeziehungen zu den Miteigentümern einer Eigentümergemeinschaft und zu dem Verwalter der Eigentümergemeinschaft. Im Außenverhältnis werden die Verträge direkt geschlossen, im Innenverhältnis müssen auch hier die Miteigentümer untereinander Regelungen treffen.

Wichtig: Das Wohnungseigentumsgesetz mit seinen Regelungen über die Rechte und Pflichten von Miteigentümern gilt hier nicht!

Wie bereits im Abschnitt „Gesamtschuldnerausgleich" dargestellt, haften beide Vertragspartner für die Darlehensverbindlichkeiten gegenüber den Kreditinstituten als Gesamtschuldner.

Grundsätzlich gilt nach den gesetzlichen Bestimmungen über die Bruchteilsgemeinschaft, insbesondere den §§ 748, 755 BGB, dass die Teilhaber für Verbindlichkeiten, die sie in Bezug auf den gemeinschaftlichen Gegenstand eingegangen sind, im Innenverhältnis nach dem Verhältnis ihrer Anteile an dem Gegenstand haften, wenn sich nicht aus einer Vereinbarung oder besonderen Umständen des Falles etwas anderes ergibt.

Als besondere Umstände eines Falles kommen dabei insbesondere die eheliche Lebensgemeinschaft oder die eingetragene Lebenspartnerschaft infrage. Daraus können sich für ihr Verhältnis als Miteigentümer und Gesamtschuldner der aufgenommenen Kredite Abweichungen gegenüber den Regeln der Bruchteilsgemeinschaft ergeben.

Konkret bedeutet dies, wenn Ehegatten ein Haus erwerben und obwohl nur einer von ihnen, der nach den Einkommens- und Vermögensverhältnissen allein dazu in der Lage ist, die Zins- und Tilgungsleistungen für die zur Finanzierung des Hauses gemeinschaftlich aufgenommenen Kredite übernimmt, dass sie durch den Erwerb von Miteigentum je zur Hälfte in aller Regel zum Ausdruck bringen wollen, jeder habe gleichviel zu den Kosten beigetragen.

Wenn es sich um eine sogenannte Alleinverdienerehe handelt, während der andere den Haushalt versorgt, ist es üblich, dass der verdienende Teil die gemeinschaftlichen finanziellen Verpflichtungen trägt, auch wenn sie dem gemeinsamen Vermögenserwerb dienen. Ein Ausgleichsanspruch wegen finanzieller Mehrleistungen des einen Teils kommt dann grundsätzlich nicht in Betracht.[33] Dies ändert sich erst ab dem Scheitern der Ehe.

Im Rahmen der Bruchteilsgemeinschaft kann gemäß § 749 Abs. 1 BGB jeder Teilhaber grundsätzlich jederzeit die Aufhebung der Gemeinschaft verlangen, die sich bei Grundstücken im Wege der Teilungsversteigerung nach §§ 180 ff. ZVG vollzieht. Bei bestehender Ehe richtet sich dies jedoch auch nach dem Güterstand und der finanziellen Situation der Ehegatten.

Leben die Eigentümer nämlich im Güterstand der Zugewinngemeinschaft und stellt das Haus den einzigen Vermögenswert dar, bedarf der Antrag auf Teilungsversteigerung nach ganz überwiegender Meinung der Zustimmung des anderen gemäß § 1365 BGB, das gilt aber nicht mehr nach Beendigung des Güterstandes, der regelmäßig mit Rechtskraft der Scheidung eintritt.[34] In der Literatur herrschen angesichts der Schwierigkeiten, die im Zusammenhang mit der Trennungssituation bestehen, neue Tendenzen, gegebenenfalls diese Haltung zu überdenken.[35]

---

[33]   BGH, Urteil vom 17.05.1983, IX ZR 14/82, NJW 1983, 1845

[34]   OLG Hamm, Beschluss vom 22.02.2006, 11 WF 406/05

[35]   Vergleiche hierzu die Darstellung bei U. Gottwald, FamRZ 2006, 1075 ff.

Der gemeinsame Immobilienkredit

Hat ein Paar einen gemeinsamen Kredit bei der Bank aufgenommen, um eine gemeinsame Immobilie (Eigentumswohnung oder Eigenheim) zu finanzieren, stellt sich am Ende der Beziehung die Frage, wie mit dieser Verbindlichkeit zu verfahren ist.

Grundsätzlich haften beide für die Zinsen und die Rückzahlung des Kredits als Gesamtschuldner (§ 421 BGB), d. h. die Bank kann von beiden Parteien die volle Zahlung verlangen. Dies gilt insbesondere auch für den Fall, dass beide einen Kredit bedienen, der der Finanzierung einer Immobilie dient, die im Alleineigentum nur eines der beiden steht.[36]

Im Falle der Trennung kommen folgende Möglichkeiten in Betracht:

3

Vertragsgemäße Rückführung durch beide Darlehensnehmer

Dabei wird der Kredit wie bisher planmäßig bis zur vollständigen Rückzahlung fortgeführt. Dies hat den Vorteil, dass bisherige Zinsbindungen bestehen bleiben und keine zusätzlichen Bearbeitungsgebühren bei der Bank entstehen. Nachteil ist, dass die gesamtschuldnerische Haftung beider Parteien fortbesteht und jeder für die mögliche Zahlungsunfähigkeit des anderen mithaftet.

In diesen Fällen gibt es die Möglichkeit, zumindest im Innenverhältnis (also zwischen den Eigentümern) den einen von seiner Verpflichtung zur Darlehensrückzahlung „freizustellen". Dies entfaltet aber regelmäßig keine Wirkung gegenüber dem Finanzierungsinstitut, welches sich immer an beide Verpflichtete halten wird.

Aufteilung des Darlehens

Hier nun wird der Kredit aufgeteilt, d. h. es werden zwei selbständige neue Kreditverträge über den hälftigen Betrag abgeschlossen. Für den jeweiligen Betrag ist dann der einzelne Kreditnehmer

---

[36] OLG Hamm, Urteil vom 30.11.1994, 13 U 104/94, OLG-Report Hamm, 1995, 667: Ein Ehegatte kann auch dann gemäß § 426 I 1 BGB für die Hälfte der während der Ehe gemeinschaftlich eingegangenen Verbindlichkeiten haften, wenn der andere Ehegatte Alleineigentümer des Hauses ist und es alleine nutzt. Maßgeblich sind die Umstände des Einzelfalls.

allein verantwortlich. Darauf wird sich die Bank allerdings nur einlassen, wenn beide Parteien hinreichende Bonität besitzen und ausreichende Sicherheiten stellen können. Vorteil ist, dass die gesamtschuldnerische Haftung aufgehoben ist und keiner für den über seinen Anteil hinausgehenden Betrag im Falle der Zahlungsunfähigkeit des anderen Teils haftet.

Rückzahlung des Darlehens

Häufig wird der Kredit insgesamt – z. B. durch den Erlös des Verkaufs der finanzierten Immobilie – zurückgezahlt. Hier fällt im Falle des Fortbestehens der Zinsbindung eine sogenannte „Vorfälligkeitsentschädigung" an, die je nach noch offener Vertragsdauer von erheblicher Höhe sein kann.

Wichtige Gerichtsentscheidung

BGH Urteil vom 30.11.2004, XI ZR 285/03, NJW 2005, 751

„Für die Berechnung der Vorfälligkeitsentschädigung ist die Wiederanlagerendite der Kapitalmarktstatistik der Deutschen Bundesbank zu entnehmen."

Im Falle einer vorzeitigen Rückzahlung des Kredites kann eine Bank den Schaden, der ihr durch die Nichtabnahme oder durch die vorzeitige Ablösung des Darlehens entsteht, sowohl nach der Aktiv-Aktiv-Methode als auch nach der Aktiv-Passiv-Methode berechnen. Bei der Aktiv-Passiv-Methode stellt sich der finanzielle Nachteil des Darlehensgebers als Differenz zwischen den Zinsen, die der Darlehensnehmer bei Abnahme des Darlehens und vereinbarungsgemäßer Durchführung des Vertrages tatsächlich gezahlt hätte, und der Rendite dar, die sich aus einer laufzeitkongruenten Wiederanlage der frei gewordenen Beträge in sicheren Kapitalmarkttiteln ergibt. Der Differenzbetrag ist um ersparte Risiko- und Verwaltungskosten zu vermindern und auf den Zeitpunkt der Leistung der Vorfälligkeitsentschädigung abzuzinsen.

Übernahme des Darlehens

Denkbar ist auch, dass eine der Parteien den Kredit alleine übernimmt. Gegebenenfalls kann dies zum Ausgleich für die Übertragung anderer Vermögenswerte erfolgen, dies muss jedoch nicht sein. Auch hierauf wird sich die Bank nur einlassen, wenn der Übernehmer hinreichende Bonität besitzt oder ausreichende Sicherheiten stellen kann. Manchmal sind Lösungen denkbar, in denen Eltern oder Geschwister eine Bürgschaft übernehmen. Hierbei ist selbstverständlich die Leistungsfähigkeit der Familienmitglieder zu berücksichtigen.

Die Versteigerung der Immobilie

4

Allgemeines

Ehepartner, die ein Grundstück gemeinsam kaufen, lassen sich meist als Miteigentümer „zu je 1/2" im Grundbuch eintragen. Eine solche Gemeinschaft wird, sofern keine andere Vereinbarung zwischen den Beteiligten getroffen wird, durch dieses besondere Zwangsversteigerungsverfahren aufgelöst. Meist erfolgt zunächst ein Angebot an den anderen Miteigentümer, den Anteil des „Anbieters" zu einem bestimmten Preis zu erwerben. Hiermit ist in der Regel eine Frist verbunden, binnen derer sich der andere zu diesem Angebot äußern muss. Erst nach Scheitern eines solchen außergerichtlichen Einigungsversuchs kann die Versteigerung „zur Auseinandersetzung der Gemeinschaft", kurz Teilungsversteigerung, durch einen an der Gemeinschaft Beteiligten beantragt werden.

Wichtig: Das Verfahren zur Einleitung der Teilungsversteigerung ist ohne anwaltliche Hilfe möglich!

Verfahrenseinleitung

Die Teilungsversteigerung wird nur aufgrund eines Antrages durch das Vollstreckungsgericht angeordnet.

Der Antrag kann schriftlich oder zu Protokoll der Geschäftsstelle erklärt werden. In diesem sollen die Parteien und das Grundstück so genau wie möglich bezeichnet werden. Zugleich sind die für den Beginn der Vollstreckung erforderlichen Unterlagen beizufügen. Die Bezeichnung des Grundstückseigentümers ist notwendig, da die Anordnung nur dann erfolgen darf, wenn der Antragsteller hierzu berechtigt ist. Darüber hinaus muss der Nachweis erbracht werden, dass die materiellrechtlichen Voraussetzungen zur Aufhebung der Gemeinschaft vorliegen, dass also eventuelle Zustimmungserfordernisse nach § 1365 BGB nicht benötigt werden.

Verfahrenseinstellung

Auf Antrag des anderen Eigentümers kann das Verfahren für bis zu sechs Monate einstweilen eingestellt werden, wenn dies bei Abwägung der widerstreitenden Interessen angemessen erscheint. Dabei lässt nicht einmal ein angedrohter Selbstmord angesichts des drohenden Verlusts des Familienheims automatisch die Einstellung erfolgen, da nicht schon allein deshalb die Versteigerung als sittenwidrige Härte gilt.[37] Ausnahmsweise kann die Sechs-Monats-Frist gemäß § 30c ZVG einmal verlängert werden.[38]

Gehören zu der Gemeinschaft neben dem Antragsteller nur noch sein (früherer) Ehegatte, kann das Verfahren auch zum Wohl des gemeinsamen Kindes eingestellt werden.

Verfahrensverlauf

Nach Eingang des Teilungsversteigerungsantrages übersendet das Vollstreckungsgericht diesen zunächst dem anderen Eigentümer zur Stellungnahme.

Liegen sämtliche Anordnungsvoraussetzungen vor, ordnet der Rechtspfleger dann die Teilungsversteigerung durch Beschluss an. Sodann ersucht das Vollstreckungsgericht das Grundbuch um Eintragung der Anordnung.

Alsbald wird der Verkehrswert des Grundstücks ermittelt und festgesetzt. Danach bereitet das Gericht den Versteigerungstermin vor, Bekanntmachung und Zustellung erfolgen unter Einhaltung verschiedener Fristen und Ladungsvorschriften.

Schließlich findet der Zwangsversteigerungstermin statt.

---

[37] BGH, Beschluss vom 25.06.2004, IXa ZB 267/03, NJW 2004, 3635

[38] War das Verfahren gemäß § 30a einstweilen eingestellt, so kann es aufgrund des § 30a einmal erneut eingestellt werden, es sei denn, dass die Einstellung dem Gläubiger unter Berücksichtigung seiner gesamten wirtschaftlichen Verhältnisse nicht zuzumuten ist.

Der Versteigerungstermin

Am Anfang des Termins erfolgt eine Reihe von Bekanntmachungen und Hinweisen über Grundstücksnachweisungen, z. B. Grundbuchstand, den festgesetzten Verkehrswert, Erklärungen der Mieter/Pächter.

Im Anschluss hieran wird das „geringste Gebot" mit den sonstigen Versteigerungsbedingungen aufgestellt und verlesen. Dabei wird vom Gericht bekannt gegeben, ab welchem Betrag man ein Gebot abgegeben kann. Dieser Betrag ist völlig unabhängig von der Frage zu sehen, ob am Ende einer Versteigerung der Zuschlag erteilt werden kann.

Danach findet die sogenannte „Bietstunde" statt, die unmittelbar nach der Aufforderung zur Abgabe von Geboten beginnt. Dabei sind in dem geringsten Gebot auch solche Beträge enthalten, die der Bieter wegen der bestehen bleibenden Rechte zusätzlich zu seiner Barzahlung schuldet.

Die Versteigerung dauert mindestens 30 Minuten und wird mit Feststellung des letzten Gebots und Verkündung des Schlusses der Versteigerung beendet, wenn keine weiteren Gebote mehr abgegeben werden.

Nach dem Ende der Versteigerung entscheidet das Gericht entweder im Versteigerungstermin oder in einem zeitnah anberaumten Zuschlagverkündungstermin über den Zuschlag. Dabei kann das Gericht den Zuschlag auf das Meistgebot erteilen oder den Zuschlag versagen.

Wann wird der Zuschlag versagt?

Damit verhindert wird, dass bei der Versteigerung eine Verschleuderung der Immobilie erfolgt, wird durch das Gericht mithilfe eines Sachverständigengutachtens der „Verkehrswert" festgestellt.

- Erreicht das Meistgebot 50 Prozent des Verkehrswertes nicht, muss der Zuschlag von Amts wegen gemäß § 85a ZVG versagt werden.

- Aber auch wenn das Meistgebot über 5/10 liegt, ist auf Antrag eines dazu Berechtigten gemäß § 74a ZVG der Zuschlag dann zu versagen, wenn nicht mindestens 7/10 geboten wurden.

In der Regel ist bei einer Teilungsversteigerung die Berufung auf die 7/10-Grenze unwahrscheinlich, es sei denn, einer der Eigentümer hat gegen den anderen Forderungen, die den Wert von dessen Anteil übersteigen und grundbuchrechtlich gesichert sind.

Was passiert, wenn der Zuschlag einmal versagt wurde?

Wenn der Grund für die Versagung des Zuschlags nur wegen des Nichterreichens der 5/10- oder 7/10-Grenze erfolgte, kann in einem weiteren Termin der Zuschlag auch für weniger als 5/10 des Verkehrswertes erteilt werden. In der Praxis werden Gebote im ersten Termin oftmals bewusst unterhalb dieser Grenzen gehalten, um eine Zuschlagsversagung zu erreichen. Dann kann die Immobilie in dem darauf folgenden, neu anzuberaumenden Versteigerungstermin unterhalb der Wertgrenzen ersteigert werden.

Erlösverteilung

Meist beraumt das Vollstreckungsgericht einen Verteilungstermin zur Erlösverteilung an. Hierfür wird ein Teilungsplan erstellt, aus welchem ersichtlich ist, welcher Erlös vorhanden ist, in welcher Rangfolge die Ansprüche aus dem Erlös befriedigt werden müssen und wie der Versteigerungserlös schließlich aufzuteilen ist.

Wichtig: Das Vollstreckungsgericht teilt den Erlös nicht zwischen den Eigentümern auf! Es behält ihn vielmehr so lange ein, bis eine übereinstimmende Anweisung aller Eigentümer vorliegt, und hinterlegt ihn bei der zuständigen Hinterlegungsstelle des Gerichts.

Ausnahmsweise wird das Vollstreckungsgericht den einzelnen Mitgliedern jeweils ihren Anteil auszahlen, wenn alle Mitglieder der Gemeinschaft sich im Verteilungstermin über die Aufteilung einig sind.

Eine Vielzahl von Verfahren?

Soweit gerichtliche Hilfe bei all den geschilderten Auseinandersetzungen in Anspruch zu nehmen ist, ergeben sich erhebliche Zuständigkeitsprobleme. Über die Nutzungsregelung nach der Hausratsverordnung und nach § 1361b BGB entscheidet das Familiengericht.[39] Für die Anordnung von Maßnahmen nach dem Gewaltschutzgesetz richtet sich die Zuständigkeit des angerufenen Gerichts nach der Dauer der häuslichen Gemeinschaft.[40]

Für die Fragen, die sich aus dem gemeinsamen Eigentum und aus dem Gemeinschaftsrecht nach §§ 741 ff. BGB ergeben, ist die Zivilabteilung beim Amtsgericht oder beim Landgericht zuständig. Dies hängt davon ab, wie hoch der Wert des Anspruchs ist, der der gerichtlichen Klärung zugeführt wird.

Sollte ein sogenannter freihändiger Verkauf einer gemeinsamen Immobilie nicht möglich sein und einer der Miteigentümer seinen Anspruch gerichtlich durchsetzen wollen, ist der Antrag auf Durchführung der Teilungsversteigerung beim Vollstreckungsgericht einzureichen.

Damit wird eine Vielzahl von Verfahren möglicherweise veranlasst, nur weil sich ein Paar bei der Trennung nicht über die Aufteilung des Familienheims einigt, namentlich sind dies:

- das Verfahren beim Familiengericht über die Nutzungszuweisung nach der HausratsVO

- das Verfahren über die finanziellen Konsequenzen des Gemeinschaftseigentums beim Landgericht

- das Verfahren über die Teilungsversteigerung beim Amtsgericht (Vollstreckungsgericht)

---

[39] KG Berlin, Beschluss vom 03.09.1996, 19 WF 2006/96, OLG-Report Kammergericht 1996, 23, 271:
Im Falle des Miteigentums beider Eheleute an der Ehewohnung ist das Familiengericht für die Entscheidung über eine zu zahlende Nutzungsentschädigung jedenfalls dann zuständig, wenn eine Benutzungsregelung gemäß § 1361b BGB erfolgt. § 1361b BGB ist lex specialis gegenüber § 745 Abs. 2 BGB.

[40] Nach Ablauf von sechs Monaten ist nur noch das Zivilgericht zuständig.

Tatsächlich bedeutet dies auch eine Vermischung der Zuständigkeiten. Dabei sind sich die Zivilgerichte bei ihren Entscheidungen häufig nicht der Konsequenzen für Unterhalt und Zugewinnausgleich bewusst. Schlimmstenfalls kann dies dazu führen, dass weitere Verfahren zum Unterhalt, beispielsweise wegen geänderter wirtschaftlicher Verhältnisse einer Partei, anhängig gemacht werden müssen.

Wichtig: Im Rahmen der Scheidung nützt es also keinem Beteiligten, wenn bestimmte Punkte „ausgeklammert" werden. Gerade im Hinblick auf das Zusammenspiel von unterschiedlichen Regelungen ist die Gesamtschau sogar unerlässlich, um Schäden zu vermeiden!

Anhang

5

Eigener Antrag nach dem Gewaltschutzgesetz

An das Amtsgericht

Gegebenenfalls: Familiengericht

Wichtig: Bereits hier müssen Eheleute unterscheiden, ob das Familiengericht oder das Zivilgericht zuständig ist. Dies richtet sich danach, wie lange Sie getrennt leben. Nach sechs Monaten ist nicht mehr das Familiengericht, sondern das so genannte ordentliche Gericht zuständig.

Antrag

der Eva Müller, Gänseblümchenweg 12 in 27893 Schlossstadt

– Antragstellerin –

gegen

ihren Ehemann, Christian Brehmer, Gänseblümchenweg 12 in 27893 Schlossstadt

– Antragsgegner –

auf Zuweisung der Wohnung und weitere Regelungen

I.   Die in (Ort, Straße, Hausnummer, Obergeschoss/Vorderhaus/Gartenhaus etc.) gelegene Wohnung in Schlossstadt wird mir zur alleinigen Nutzung zugewiesen.

II.   Darüber hinaus beantrage ich, dem Antragsgegner aufzugeben, innerhalb von drei Tagen ab Erlass des Beschlusses sämtliche in seinem Besitz befindlichen Wohnungsschlüssel für die Wohnung an mich herauszugeben, dies schließt die Schlüssel für die Haustüre, die Kellertüre und den Briefkasten ein.

III.   Weiterhin beantrage ich, dem Antragsgegner aufzugeben, sich der Wohnung (Anschrift) in einem Umkreis von 250 m nicht zu nähern.

IV.   Schließlich wird dem Antragsgegner aufgegeben, die Wohnung (genaue Anschrift) nicht zu betreten.

V.   Darüber hinaus wird dem Antragsgegner untersagt, mit mir oder den Kindern (Namen) in irgendeiner Form Kontakt aufzunehmen. Dabei soll ihm untersagt werden, mich oder die Kinder anzusprechen, anzurufen oder per SMS zu kontaktieren.

Ich bitte um rasche Entscheidung.

Begründung:

(…)

In der Begründung soll nunmehr genau vorgetragen werden, aus welchen Gründen sich der Anspruch ergibt, den anderen von der Benutzung der Wohnung auszuschließen. Auch hier empfiehlt es sich, möglichst präzise und unter Angabe von exakten Daten sämtliche Vorfälle zu schildern.

Sodann sollte der gesamte Vortrag durch eine Eidesstattliche Versicherung belegt werden, für diese gilt selbstverständlich das Gleiche wie im Zusammenhang mit dem Hausratsverfahren. Sie sollte vollständig und möglichst genau abgefasst sein, sich jedoch unter allen Umständen an der Wahrheit orientieren.

Sofern Polizeiprotokolle von eventuellen Einsätzen, ärztliche Atteste oder Aufnahmebescheinigungen aus der Notaufnahme vorliegen, sollten diese beigefügt werden. Dies gilt auch für eventuelle Fotodokumentationen über Verletzungen oder Verwüstungshandlungen.

Antrag auf Zuweisung der Ehewohnung nach § 1361b BGB oder § 14 LPartG

An das Amtsgericht

– Abteilung für Familiensachen[41] –

Antrag

der Eva Müller, Gänseblümchenweg 12 in 27893 Schlossstadt

– Antragstellerin –

gegen

ihren Ehemann Christian Brehmer, Gänseblümchenweg 12 in 27893 Schlossstadt

– Antragsgegner –

auf Zuweisung der Ehewohnung.

---

[41] Hier muss das Familiengericht ausgewählt werden, welches für den Bezirk zuständig ist, in welchem sich die Ehewohnung befindet.

[42] Falls hier nur Schlafzimmer und Wohnzimmer sowie Bad und Toilette zur Nutzung begehrt werden, wird zu unterscheiden sein zwischen den Räumen, die zu einer Mit- oder Alleinbenutzung geeignet sind. Damit ein solcher Antrag vernünftig gestellt werden kann und auch im Weigerungsfalle vollstreckt werden kann, muss die sogenannte Ehewohnung konkret bezeichnet werden.

Hiermit beantrage ich, Eva Müller,

dem Antragsgegner aufzugeben, mir und unserem Sohn Florian die ungehinderte Alleinnutzung der im Gänseblümchenweg 12, 1. Obergeschoss links belegenen Ehewohnung in Schlossstadt zu ermöglichen und zu dulden.[42]

Begründung:

Ich bin seit 1981 mit meinem Ehemann verheiratet. Wir haben einen gemeinsamen Sohn, Florian, geboren am 7. Dezember 1993.

Wir leben zwar noch zusammen, wegen der Vorkommnisse ist jedoch erforderlich, dass mir allein die Wohnung nunmehr zugewiesen wird.

Beispielsweise: „....mein Ehemann versucht, mich aus unserer gemeinsamen Wohnung zu drängen. Ich habe ihn gebeten, unsere Wohnung zu verlassen, nachdem ich erfahren hatte, dass er ein Verhältnis mit seiner Sekretärin hat. Seither versucht er mir das Leben unerträglich zu machen, indem er ... (hier sollten dann möglichst detailliert die Schilderungen erfolgen, die zu einer Unzumutbarkeit der Fortsetzung der ehelichen Lebensgemeinschaft führen)."

Beweis: Eidesstattliche Versicherung im Original

Wichtig: Die Eidesstattliche Versicherung dient als sogenannte „Glaubhaftmachung" im Zivilprozess. Damit das Gericht einen ersten Eindruck von der Situation gewinnt, empfiehlt es sich, diese Eidesstattliche Versicherung besonders sorgfältig und nicht zu lang zu fassen. Dabei sollte immer berücksichtigt werden, dass die Abgabe einer falschen Eidesstattlichen Versicherung einen Straftatbestand erfüllt.

Gegebenenfalls zusätzlich zu beantragende Maßnahmen:

1.   Ich beantrage, dass meinem Ehemann untersagt wird, die von mir allein genutzten Räume (genaue Angabe) in der Zeit von (präzise Angabe) zu betreten.

2.   Für den Fall, dass mein Ehemann sich nicht an diese Auflagen hält, beantrage ich, dass ein Zwangsgeld in Höhe von 1.000 Euro je Zuwiderhandlung angedroht wird.

Unterschrift

Nutzungsregelung für eine gemeinsame Immobilie

Muster: Schuldrechtliche Nutzungsvereinbarung
einer gemeinsamen Immobilie

. . . .

Miteigentümer 1

. . . .

Miteigentümer 2

haben folgendes gemeinschaftliches Grundeigentum:

. . . .

(Angabe des Amtsgerichtsbezirks, des Grundbuchs und der Blatt-Nr., Adresse)

Die Eigentumsanteile sind wie folgt verteilt:

Miteigentümer 1: . . . . Prozent

Miteigentümer 2: . . . . Prozent

In Bezug auf das vorgenannte Grundeigentum schließen die Parteien folgende Vereinbarung:

(Zutreffendes ist jeweils anzukreuzen)

1. Die Verwaltung des gemeinschaftlichen Eigentums obliegt

    ○ den Parteien gemeinschaftlich

    ○ dem Miteigentümer 1

    ○ dem Miteigentümer 2

2. Die Nutzung des gemeinschaftlichen Eigentums steht zu:

    ○ den Parteien gemeinschaftlich

    ○ dem Miteigentümer 1

    ○ dem Miteigentümer 2

3. Im Falle der Vermietung stehen die Mieteinnahmen den Parteien

    ○ nach dem Verhältnis der oben genannten Miteigentumsanteile zu.

    ○ nach folgender Aufteilung zu:

        dem Miteigentümer 1: . . . . Prozent

        dem Miteigentümer 2: . . . . Prozent

4. Sofern es sich bei dem Grundbesitz um Wohnungseigentum handelt:

Das Stimmrecht in der Wohnungseigentümergemeinschaft wird ausgeübt

○ durch die Parteien gemeinschaftlich,
bei unterschiedlicher Auffassung enthalten sich die Parteien der Stimme

○ durch den Miteigentümer 1 allein

○ durch den Miteigentümer 2 allein

5. Die Lasten des Grundstücks (Grundsteuer, Grundstückseigentümerhaftpflichtversicherung, Gebäudeversicherung, laufende Betriebs- und Instandhaltungskosten, bei Eigentumswohnung: das Wohn-/Hausgeld) werden getragen

○ nach dem Verhältnis der oben genannten Miteigentumsanteile.

○ nach folgender Aufteilung:

Miteigentümer 1: . . . . Prozent

Miteigentümer 2: . . . . Prozent

Die vorstehende Lastentragung gilt auch für folgende Kreditverbindlichkeit:

. . . .

(Name der Bank, Vertrags-/Kontonr.)

6. Diese Vereinbarung kann mit einer Frist von . . . . Monaten zum . . . . durch jede der Parteien gekündigt werden. In diesem Fall gelten dann die Bestimmungen des BGB.

7. Sonstige Vereinbarungen:

. . . .

. . . .

Unterschrift Miteigentümer 1   Unterschrift Mieteigentümer 2

Findex